少年读史记
人生立坐标

史家之绝唱 无韵之离骚

刘银昌 刘 鹏 小璐歌 主编

 中国出版集团有限公司

 世界图书出版公司
西安 北京 上海 广州

图书在版编目（CIP）数据

少年读史记.人生立坐标/刘银昌，刘鹏，小璐歌主编.—西安：世界图书出版西安有限公司，2023.2
ISBN 978-7-5232-0242-5

Ⅰ.①少… Ⅱ.①刘… ②刘… ③小… Ⅲ.①中国历史－古代史－纪传体 ②《史记》－少年读物 Ⅳ.①K204.2-49

中国国家版本馆CIP数据核字（2023）第036568号

少年读史记 人生立坐标
SHAONIAN DU SHIJI　RENSHENG LI ZUOBIAO

主　　编	刘银昌　刘　鹏　小璐歌	
统　　筹	赵　欣	
责任编辑	孙　蓉	
封面设计	憨+　张洪海	
出版发行	世界图书出版西安有限公司	
地　　址	西安市雁塔区曲江新区汇新路355号	
邮　　编	710061	
电　　话	029-87233647（市场部）　029-87234767（总编室）	
网　　址	http://www.wpcxa.com	
邮　　箱	xast@wpcxa.com	
经　　销	新华书店	
印　　刷	陕西云博印务有限公司	
开　　本	889mm×1194mm　1/32	
印　　张	11.5	
字　　数	280千字	
版　　次	2023年2月第1版	
印　　次	2023年2月第1次印刷	
国际书号	ISBN 978-7-5232-0242-5	
定　　价	56.00元	

版权所有　翻印必究
（如有印装错误，请与出版社联系）

编委会

主　编	刘银昌	刘　鹏	小璐歌
副主编	马玉珺	陈丽红	王召义
编　委	沈楚凡	冯佳佳	薛冰花
	倪天睿	陈红玲	王小超

前言

526500字的旅程

你有没有这样一种经历？拿出一本经典著作计划认真阅读，但读了几页后，又默默地放回了书架，然后一次又一次地懊恼自己没有毅力，没有静心读完一部经典的好习惯。

其实那不是你的错，也不一定是你没有毅力。相反，你有强烈的读书愿望，可是书太难读了，不是吗？

说说《史记》吧！从公元前108年司马迁任太史令开始着手，到《史记》成书，跨度大约十八年之久。如果把司马迁在二十岁以后进行史料收集、实地采访乃至全书写成后进行删减、修订的全部工作时间算在一起，《史记》的完成足足花费了四十多年。司马迁几乎把他全部的生命都贡献给了这部伟大的著作。后世的我们，又怎么可能迅速轻松地读完这部凝聚了司马迁全部心血的厚重蕴藉之作呢？

我大概是十多年前开始读《史记》的，断断续续地读了好几遍。2020年春节，恰好我有相对集中的闲暇时间，就再次认真地拜读了《史记》。

这一次，我是带着目的去读《史记》的。什么目的呢？我希望能够架起一座普通阅读者和经典之间的桥梁。为什么需要这座桥梁呢？因为《史记》既是史学著作，又是文学著作，更是学术著作。尽管可以借助前人的注释看懂其文字，但文字背后的三昧，却经常使人如雾里看花，恍惚不清。

我决定对《史记》进行梳理。梳理的框架分三个维度：历史的纲、文字的魂、精神的根。从这三个维度，我努力找到普通人阅读《史记》的重点，为读者阅读原文做好准备工作。

对大多数读者来讲，直接阅读艰深的《史记》确实是有困难的，如果不是出于专业研究的目的，是没有精力和时间皓首穷经的。这就需要我们对《史记》进行导读与讲解。于是，就有了摆在读者面前的这本小书。

之所以选取历史的纲、文字的魂和精神的根这三个维度，是和我们的阅读主张分不开的。《史记》原文体量庞大，所使用的又是西汉时期的书面语，不易被未受过古代汉语训练的读者读懂。而且《史记》体大思精，意蕴丰富，一般的读者到底要留意《史记》的哪些方面，确实是一件颇难选择的事情。我认为，《史记》可以从历史、文学和思想三个宏观方面来把握。历史方面，要把握《史记》为我们梳理出来的历史发展线索和它记录的基本历史事实；文学方面，要体会司马迁在《史记》行文中呈现的文学艺术魅力，他的叙事技巧、写人手法，以及他遣词用字的功力、体现的语言艺术特色和文字背后的笔力；思想方面，要领会他对历史发展规律的认识以及对人性的理解，当然还包括其他具体的事理。

我觉得，按照历史、文学和思想的三维视角去阅读《史记》，观摩《史记》，可以纲举而目张，事半而功倍。有鉴于此，我按照这三个维度对《史记》全文进行了梳理。所以，这本书既不是《史记》的缩写提要，也不是《史记》的节选翻译，更不是一般意义上的《史记》导读，但它确实可以起到提纲挈领的导引作用。一册在手，您就可以遨游于《史记》的海洋而不迷失航向，饱览《史记》的胜景了。

"吾生也有涯，而知也无涯，"如果你有兴趣了解《史记》，或者有计划在不久的将来阅读《史记》，那就马上开始这段精神之旅吧！

目录

第一章　为什么要读《史记》

一、构建史学、文学和人文精神的框架　/3

二、立志与人格构建　/5

三、独立意识、自由思想和正向价值观　/8

四、成事之法　/10

五、精神楷模、人格丰碑　/12

第二章　如何读《史记》

一、《太史公自序》中的初心与使命　/17

二、《报任安书》中司马迁的理想告白与精神升华　/19

三、青少年如何读《史记》？　/22

四、阅读书籍推荐　/25

第三章　读《史记》

一、十二本纪　/29

二、十　表　/69

三、八　书　/73

四、三十世家 /77

五、七十列传 /169

第四章　后记

亲子共读，一起成长 /357

十个问题 /359

第一章 为什么要读《史记》

一、构建史学、文学和人文精神的框架

如果从黄帝算起,中华民族的文明大概有五千多年的历史。司马迁著述《史记》时,考虑到历史的真实性和西汉前期黄老之学盛行的社会背景,将中华民族的历史从黄帝写起。黄帝之前的时代,流于神话、传说,由于没有书写历史可以凭借的信实资料,司马迁便将其拦腰斩断。因此,《史记》所载的时间跨度,包括从轩辕黄帝到汉武帝太初元年(前104)大概三千年(包括五帝、夏、商、周、秦、汉)。

历史是一种记忆,记录我们的根脉和心灵痕迹。作为中国第一部纪传体通史,位居二十四史之首的《史记》,其写法、体例被后来的正史不断效仿和借鉴。一直被模仿,从未被超越,这就是《史记》。《史记》所构建的中华大一统史学观及其所记载的三千年波澜壮阔的历史画面,是每一个中国人应有的文化记忆。

从中国文学的角度看,《史记》是一部了不起的文学巨著。司马迁具有一种杰出的叙述宏大历史的能力,在宏阔的历史叙事中,能够将历史发展与他的史学逻辑相统一,比如他开创本纪、世家、列传等体例,将项羽和吕后写入本纪,将孔子和陈胜写入世家等。此外,他对历史和生活有深切的

体悟，并以此勾勒出上自帝王将相、下至刺客游侠等四千多个人物，重要的数百人物，形象丰满，栩栩如生，犹如神来之笔。正因为如此，鲁迅先生赞誉《史记》为"史家之绝唱，无韵之《离骚》"。

从知识的角度看，《史记》是百科全书，涉及中国古代自然科学和社会科学的方方面面，既包括天文、历法、医学、水利等自然科学，也包括文学、政治、经济、军事、思想文化、官僚体系等社会科学。

从人文精神的传承角度来讲，《史记》蕴含了丰富的人文精神资源。它称道的立德、立功、立言以留名青史的"三不朽"精神，充满了积极入世的情怀；它所彰显的志存高远、自强不息的奋进精神，忍辱不屈、矢志不渝的自尊自爱精神，舍生取义、赴汤蹈火的牺牲精神，批判残暴、呼唤真情的人道主义精神，激励哺养了一代又一代的仁人志士、文人骚客。

鉴于以上原因，在科学技术日新月异的今天，为了葆有内心的鲜活和精神的充实，一定要读《史记》！

二、立志与人格构建

人格独立,心有梦想,是一个人成长的基础。最终成为一个什么样的人,取决于他所秉承的价值观,采取什么样的方式来安身立命。在应试教育背景下,知识的学习基本是为了应付考试。立志、人格培养和三观的建立这些重要的事情,在当下教育环境中,很难有专业、系统的训练。阅读经典,熏陶精神,应该成为立志与人格构建最优的成长路径之一。

在读《史记》的过程中,我们经常能感受到一种强劲的精神力量,字里行间更是散发着理想的气息。司马迁的理想是什么呢?当然是完成"究天人之际,通古今之变,成一家之言"的《史记》。但是,他为这个理想付出了太多。

在《史记》写作的第七年,司马迁因为李陵事件而遭遇人生的厄运。他为了自己的理想,放弃了一个读书人应有的尊严。他忍辱负重,大约用了十四年时间,最终完成了《史记》的写作。司马迁在给他的朋友任安的信中写道:"肠一日而九回,居则忽忽若有所亡,出则不知其所往。每念斯耻,汗未尝不发背沾衣也!"

我们再看看《史记》中那些非凡人物是怎么定义自己人生的。

"彼可取而代也！"（项羽）

"大丈夫当如此也！"（刘邦）

"王侯将相宁有种乎？"（陈胜）

"自周公卒五百岁而有孔子。孔子卒后至于今五百岁，有能绍明世，正《易传》，继《春秋》，本《诗》《书》《礼》《乐》之际？意在斯乎！意在斯乎！小子何敢让焉。"（司马迁）

立志是奋斗的起点，《史记》中可圈可点的帝王将相、英雄人物，都是志存高远的代表。

司马迁说："君子所贵乎道者三：太上立德，其次立言，其次立功"，立德、立言、立功是司马迁的人生观；"人固有一死，或重于泰山，或轻于鸿毛，用之所趋异也。""九牛亡一毛，与蝼蚁何以异？"司马迁还在《太史公自序》中记载了父亲司马谈的临终遗言："且夫孝始于事亲，中于事君，终于立身。扬名于后世，以显父母，此孝之大者"。人应该有所作为，立身扬名是孝道的最高准则，这是司马迁在生死抉择中形成的人生价值观。

司马迁的人格是崇高的，他有一个大过生命的理想。这个理想就是要继承父亲的遗志，撰写一部能够总结经验教训、揭示历史发展演变规律的著作。"古者富贵而名摩灭，不可胜记，唯倜傥非常之人称焉。盖文王拘而演《周易》；仲尼厄而作《春秋》；屈原放逐，乃赋《离骚》；左丘失明，厥有《国语》；孙子膑脚，《兵法》修列；不韦迁蜀，世传《吕览》；韩非囚秦，《说难》《孤愤》；《诗》三百篇，大底圣贤发愤之所为作也。此人皆意有所郁结，不得通其道，故述往事、思来者。"

当一个人超越苦难、愤懑和悲痛,他的背影会愈显高大。我们能像司马迁那样忠于自己的理想,捍卫自己的尊严吗?

三、独立意识、自由思想和正向价值观

生而为人,最重要的是要能够运用自己的理性,具备独立思考的能力。不人云亦云,不随波逐流,对个人、家庭和社会的一些重大问题,有自己的思考和判断。

司马迁是独立人格的榜样,不隐恶、不虚美,仗义执言,保持了史官客观真实、冷静独立看待历史的可贵态度。

鲁迅先生在《汉文学史纲要·司马相如与司马迁》中写道:"恨为弄臣,寄心楮墨,感身世之戮辱,传畸人于千秋,虽背《春秋》之义,固不失为史家之绝唱,无韵之《离骚》矣。"这是对《史记》的崇高评价。司马迁在《太史公自序》中讲到撰述《史记》的宗旨:"欲究天人之际,通古今之变,成一家之言。"这几乎成为修史的最高境界。

项羽并非名义上的帝王,司马迁钦佩项羽的英雄气概,认为楚汉相争中政由羽出,故写《项羽本纪》;陈胜出身卑微,也算不上诸侯,司马迁赞赏陈胜、吴广在灭秦过程中的历史作用,故写《陈涉世家》;孔子也没有显赫家世,但司马迁钦佩孔子的高尚情操,心向往之,并以孔子作为精神文化坐标,故写《孔子世家》。司马迁还认同游侠舍生取义的侠义精神,将他们写进《游侠列传》。同时,司马迁尊重人性,看

到商业在个人生活和历史演进中的重要作用,因此为商人正名,写《货殖列传》,兼以表达自己的经济思想。

天地庄周马,江湖范蠡舟。孙武、张良进而为官,功成而退;项羽、韩信功勋盖世,卒以灭亡。医者、日者(古代占候卜筮的人)、货殖者,乃至刺客、游侠,都是客观社会的一部分,他们各有各的精彩。

独立意识是成熟和自信的表现。班固曾批评司马迁"其是非颇缪于圣人",这反映了两人思想的分歧。所谓"圣人"就是孔子,司马迁不完全以孔子的思想作为判断是非的标准,有自己的独立意识、自由思想和正向的价值取向,这在汉武帝"罢黜百家,独尊儒术"的时代,是多么的难能可贵!

理想决定了行走的高度,价值观决定了行走的方向。让我们阅读《史记》,出发吧!

四、成事之法

司马迁写作《史记》的目的是"究天人之际,通古今之变,成一家之言"。因此,从根本意义上讲,《史记》是通过记述历史,总结天人之道,为后世治理国家的为君、为相、为将者提供可以学习的法则,是治世之学。历史千变万化,但又惊人的相似。我们经常惊叹历史在不断重演,却很少吸取历史的经验教训。面对《史记》这部皇皇巨著,每一个普通人都可以从中获取有利于自身成长的积极能量。

当然,人各有志,志涵百业,学习《史记》的视角、方法也就各有不同。以下几种情形,如立志、努力、谋略等,我们在生活中都会遇到。《史记》中的某些场景或语句,会在我们心中迸发出火花。

·立志·

《陈涉世家》里的"王侯将相宁有种乎!""燕雀安知鸿鹄之志!"

《项羽本纪》里的"彼可取而代之也"。

·努力·

《越王勾践世家》卧薪尝胆;

《孔子世家》韦编三绝。

·谋略·

《高祖本纪》里的运筹帷幄、约法三章；

《淮阴侯列传》里面的背水一战。

·交友·

《廉颇蔺相如列传》里的刎颈之交；

《管晏列传》里面的管鲍之交；

《淮阴侯列传》里的"成也萧何，败也萧何"；

《季布栾布列传》里的"得黄金百斤，不如得季布一诺"。

·领导力·

《李将军列传》里的"桃李不言，下自成蹊"；

《卫将军骠骑列传》里的"匈奴未灭，何以为家"；

《司马穰苴列传》里的"将受命之日则忘其家，临军约束则忘其亲，援枹鼓之急则忘其身"。

·自省·

《留侯世家》里的"忠言逆耳利于行，良药苦口利于病"。

·取舍·

《货殖列传》里的"天下熙熙，皆为利来，天下攘攘，皆为利往"；

《报任安书》里的"夫孝，始于事亲，中于事君，终于立身"；

《越王勾践世家》里的"飞鸟尽，良弓藏；狡兔死，走狗烹"。

在阅读原文的过程中，你会读到很多与你所处环境和心理状态相似的历史场景，你自然就可以以史为鉴，帮助自己更好地适应环境解决问题。

当然，读《史记》，一定要读经典原文。

五、精神楷模、人格丰碑

年少时,我们都有梦、有理想,甚至我们还有具体的偶像或榜样。随着年龄的增长,我们对生活和人生有了更多的思考和理解,对那些曾经的偶像和榜样进行检视和筛选,撇去浮华,去掉滤镜,真正有内涵和价值的人开始成为我们的楷模。所谓楷模,就是可以成为别人学习的模板,在某些方面足为表率。对于喜爱中华优秀传统文化的学子来说,司马迁也许就是这些楷模之一。

司马迁出身于耕牧之家,尽管父亲后来成为西汉王朝的太史令,但仍然一边劳作一边读书。读万卷书之后,司马迁又在二十岁左右游历祖国名山大川,考察各地文化经济,屡经历练,最终出仕为郎。后来,司马迁在父亲临终前接受替父亲完成著书的遗命,从此边工作边埋头著书。可飞来横祸,司马迁因为李陵投降匈奴辩护惹怒汉武帝,被下狱治罪,处以宫刑。面对奇耻大辱,司马迁没有被击垮,反而忍辱负重,更加发愤著书,终于完成了《史记》这部不朽的著作。《史记》的创造性及其价值,在中华文明传承过程中无可替代。它的体例、实录精神以及对历史的全方位书写和厚重的文化底蕴,赢得了后世读书人对司马迁的钦敬与景仰。

年长后，我们逐渐趋于理性与平和，更看重楷模的人格、信念、价值观、勇气、牺牲精神等人性中的光辉闪耀之处。司马迁人格卓然独立，价值观正向，有仁者之心，拥有常人不敢想的追求和坚强的意志力，他通过立言、立行为后世读书人树立了一座巍峨的人格丰碑。

第二章 如何读《史记》

一、《太史公自序》中的初心与使命

司马迁在《史记》的最后一篇《太史公自序》中,介绍了自己家族的历史,也交代了自己受父亲司马谈临终嘱托,要完成《史记》的初心与使命。此外,《太史公自序》还讲到了《史记》的结构编排,十二本纪、十表、八书、三十世家、七十列传的写作主旨。

伟大的理想造就伟大的人物。司马迁立志写一部"究天人之际,通古今之变,成一家之言"的著作,是家族使命,是职业热爱,也是史官神圣的信仰。父亲的话经常萦绕在司马迁的耳畔,他一直铭记先人有言:"自周公卒五百岁有孔子,孔子卒后至于今五百岁,有能绍明世,正《易传》,继《春秋》,本《诗》、《书》、《礼》、《乐》之际?意在斯乎!意在斯乎!小子何敢让焉。"从周公制礼作乐到孔子,正好五百年,从孔子著《春秋》到司马迁生活的年代,正好也是五百年。历史是多么的相似啊,孔子之后的五百年,难道不也该出现一位圣贤人物了吗?司马迁俨然接受了上天的使命,他要像孔子继承周公一样继承孔子,做出如周公和孔子一样伟大的文化成就。

为什么要写《史记》这样一部作品?司马迁的父亲司马

谈在临终前告诉司马迁:"大汉朝立国以来,海内一统,明主贤君、忠臣死义之士,我作为太史令,没有将他们记录在史册,荒废史文,觉得非常可怕。我死后你必然被提拔为太史令,希望你不要忘记父亲想写一部这样的史书。"司马迁流泪答应,一定要把父亲积累的材料全部用上,写出一部体现父亲遗愿的书。因此,为时代修史,尽孝心著书,就成为司马迁创作《史记》的初心与使命。

如何写?作品的体例怎么安排?谋篇布局怎么处理?这些在《太史公自序》中都有简要的交代。这说明,关于历史人物的选择、基础素材的积累,司马迁其实早已深思熟虑、成竹在胸。

按照古书的体例,《太史公自序》放到《史记》最后一篇。它其实是《史记》写作初衷的告白,相当于现在图书的序或前言。因此,从当代人阅读的角度,《太史公自序》应该是读《史记》最先阅读的篇目。

二、《报任安书》中司马迁的理想告白与精神升华

每个人都有自己的理想。为理想全力以赴甚至奋不顾身,是一种崇高的境界。

年轻时的司马迁是幸运的,他在年富力强的时候找到了自己的人生使命,并为使命倾注了一切。但是,完成使命、实现理想的道路并不是一帆风顺的。就在司马迁写作《史记》的第七年,因李陵之祸,他承受了人生中最大的苦难。为完成《史记》的写作,他接受宫刑,忍辱负重,含辛茹苦。司马迁内心的痛苦,无法向旁人诉说,只能在写给好友任安的信中发泄:"肠一日而九回,居则忽忽若有所亡,出则不知其所往……"

司马迁为什么要写《报任安书》?

司马迁的好朋友任安,也就是《田叔列传》中褚少孙补写的任安,给司马迁写了一封信。信中说,司马迁现在在内朝颇受汉武帝赏识,却没有举贤进士,没有帮助朝廷推荐人才。司马迁当时没有回信,主要是《史记》的写作没有完成,不能做过多的解释。但后来发生了巫蛊之祸,太子刘据被怀疑起兵叛乱,丞相听诏发兵攻打太子。任安当时任益州刺史,在长安统领军队,收到丞相的命令后,任安并没有发兵。当太子向他借兵时,任安虽然答应,但却按兵不动进行观望,

后来太子被迫自杀。太子刘据其实是被江充等人陷害的,等到戾太子案结束后,汉武帝开始算账,认为任安"是老吏也,见兵事起,欲坐观成败,见胜者欲合从之,有两心。安有当死之罪甚众,吾常活之,今怀诈,有不忠之心"。武帝认为任安有二心,就定了他的死罪,过了秋天就要处斩了。

"今少卿抱不测之罪,涉旬月,迫季冬,……恐卒然不可讳,是仆终已不得舒愤懑以晓左右,则长逝者魂魄私恨无穷。"司马迁知道这件事情已经无法挽回,就回了信进行解释。信中,司马迁说:"太上不辱先,其次不辱身,其次不辱理色,其次不辱辞令,其次诎体受辱,其次易服受辱,其次关木索、被箠楚受辱,其次剔毛发、婴金铁受辱,其次毁肌肤、断肢体受辱,最下腐刑极矣!"抒发自己所受到的侮辱。司马迁之所以能忍辱负重,是因为有《史记》使命的召唤。

"古者富贵而名摩灭,不可胜记,唯倜傥非常之人称焉。盖文王拘而演《周易》;仲尼厄而作《春秋》;屈原放逐,乃赋《离骚》;左丘失明,厥有《国语》;孙子膑脚,《兵法》修列;不韦迁蜀,世传《吕览》;韩非囚秦,《说难》《孤愤》;《诗》三百篇,大底圣贤发愤之所为作也。此人皆意有所郁结,不得通其道,故述往事、思来者。乃如左丘无目,孙子断足,终不可用,退而论书策,以舒其愤,思垂空文以自见。仆窃不逊,近自托于无能之辞,网罗天下放失旧闻,略考其行事,综其终始,稽其成败兴坏之纪,上计轩辕,下至于兹,为十表,本纪十二,书八章,世家三十,列传七十,凡百三十篇。亦欲以究天人之际,通古今之变,成一家之言。草创未就,会遭此祸,惜其不成,是以就极刑而无愠色。仆诚以著此书,藏之名山，传之其人，通邑大都，则仆偿前辱之责，虽万被戮，岂有悔哉！然此可为智者道，难为俗人言也！"

司马迁在《史记》的写作过程中，精神的力量是其"究天人之际，通古今之变，成一家之言"的理想，是文王、孔子、屈原、孙子、韩非子等这些榜样。当然，这也是司马迁活着的理由。

"然此可为智者道，难为俗人言也！"任安是不是智者，司马迁也没有把握，但是通过这封信，司马迁希望说清楚自己内心的追求。这封信是写给任安，也是写给所有中国人的。

《报任安书》体现了司马迁精神的升华！

三、青少年如何读《史记》？

1. 阅读《史记》的最佳时期

从小学高年级开始，同学们陆续会接触到本纪、世家、列传中出现的很多成语。

在本纪中，我们会看到：

黎民百姓，好学深思，箫韶九成，劳心焦思，网开三面，酒池肉林，靡靡之音，刀枪入库，马放南山，烽火戏诸侯，无可奈何，周公吐哺，百发百中，一日千里，前事不忘、后事之师，恨之入骨，指鹿为马，焚书坑儒，破釜沉舟，取而代之，项庄舞剑、意在沛公，锦衣夜行，四面楚歌，霸王别姬，沐猴而冠，养虎为患，楚河汉界，各自为战，运筹帷幄，明修栈道、暗度陈仓，约法三章，一败涂地，高屋建瓴……

在世家、列传中，我们会看到：

泱泱大国，鸟尽弓藏，兔死狗烹，招摇过市，韦编三绝，鸿鹄之志，完璧归赵，负荆请罪，纸上谈兵，路不拾遗，丧家之犬，揭竿而起，卧薪尝胆，一鸣惊人，筚路蓝缕，退避三舍，助纣为虐，天府之国，白驹过隙，逆行倒施，挥汗如雨，一字千金，万里长城，胯下之辱，背水一战，改过自新，脱颖而出，价值连城，无地自容，天下无双，当断不断，怒发冲冠、势不两立、尺有所短、寸有所长、士为知己者死、一诺千金……

尽早知悉这些成语的出处及创作背景，有利于文学素养的提升和历史结构的搭建。从这个意义上来讲，小学高年级、初中、高中都是适宜阅读《史记》的年龄阶段，特别是初、高中学生，正处于人生观、价值观开始建立的时期，对社会运行规则、规律有了个人的思考，阅读《史记》，能帮助同学们在励志、独立人格、价值观构建等方面获得更好的发展。

2. 青少年阅读《史记》的方法

《史记》为了从多维度述事，达到成一家之言的目的，司马迁开创性地用本纪、表、书、世家、列传五种体例来排列、搭配，各例的排列也有清楚的时间轴概念。时间越早，顺序就越靠前。同学们在有阅读辅导的情况下，从本纪开始读《史记》，谦虚认真面对这部经典，从头到尾通读，并不断追问自己，为什么司马迁这样写？为什么司马迁在此处繁写，在另一处简笔？才能听到司马迁如何将史学、文学、思想创造性地糅合在一起，演奏出那排山倒海、夺人心魄般的历史交响曲。

阅读时可以先从《太史公自序》和《报任安书》读起，了解司马迁创作《史记》的初心和个人的成长经历，进而读懂他的使命、价值观、人生观。作品是作者的影像，读懂了司马迁，就更容易理解《史记》中的文章了。

同时，可以运用图表、思维导图等将《史记》中的朝代、同时期的历史人物汇总，把五帝、夏、商、周、秦、汉的历史时空架构起来，绘制本纪、列传中的历史人物关系图谱，学习司马迁如何通过对不同人物的描写进入历史的细节。

我们也可以像背诵古诗词一样,多诵读《史记》中的精选段落和篇章,培养文言文的语感,文学的功底就是在日复一日的训练中建立起来的。在诵读过程中,选择一个自己感兴趣的历史人物,向父母或朋友讲述关于这个人物的故事,这样更能激发阅读的兴趣,锻炼语言表达能力。

3. 阅读周期如何安排?

我们可以在一到两年到时期内,利用寒暑假或相对集中的节假日,认真、系统地阅读《史记》,在建立历史结构、打好语言功底方面做到适度聚焦。

四、阅读书籍推荐

1. 专业阅读

三家注《史记》汇聚了三人的注解。三家注是指南朝刘宋裴骃注的《史记集解》，唐司马贞注的《史记索隐》，唐张守节注的《史记正义》。

中华书局点校本《史记》130 卷，是新式点校的三家注合排本，1959 年初版，竖行繁体字排印，分装 10 册。2013 年，中华书局又出版了点校本《史记》三家注的修订本，使读者有了更好的《史记》阅读版本。

2. 白话文阅读

《白话史记》是台湾台静农先生等台湾十四院校六十位资深教授联合翻译的版本，分上、中、下三册，130 篇，160 万字，为普及《史记》之力作，被称为国学精品。

《史记》（文白对照本）全 4 册，韩兆琦主译，中华书局 2008 年版。

《史记》（文白对照）全 5 册，陈曦、王珏、王晓东、周旻等译，中华书局 2019 年版。

先读白话版《史记》，读通了再去读原著，是一个进阶的好办法。

3. 览图读《史记》

陈绍棣主编的《地图上的史记》层次分明、语言轻松,形象说明了历史的空间结构,又用了许多中国名画作为文章的补充阅读,尽显艺术风范,为阅读增添了许多审美情趣。

4. 其他参考阅读

《司马迁之人格与风格》,李长之著,天津人民出版社2015年版。

《史记的读法》,杨照著,广西师范大学出版社2019年版。

《司马迁》,刘银昌著,中华书局2019年版。

5.《史记》中的高考试题

从历年高考文言文阅读选材看,《史记》"功不可没"。2019年全国卷Ⅲ的《史记·孙子吴起列传》,2013年安徽卷的《史记·南越列传》,2011年上海卷的《史记·循吏列传》,2009年北京卷的《史记·叔孙通列传》,2008年江苏卷(附加题)的《史记·刺客列传》,2006年全国卷Ⅱ的《史记·季布栾布列传》,2006年山东卷的《史记·儒林列传》,2006年福建卷的《史记·伯夷列传》,2005年全国卷Ⅱ的《史记·滑稽列传》,2004年福建卷的《史记·张丞相列传》等。

由此看来,《史记》在高考文言文阅读和写作中出现的频次较高,少年读史记,从应试的角度来看,也是极有意义和价值的。

第三章 读《史记》

> 十二本纪

五帝本纪第一

【导读】 本篇既是十二本纪之首，也是《史记》首篇，材料来源主要是《尚书·尧典》《世本》和《大戴礼记》等早期文献。本纪记录帝王之事，凡在政治方面发号施令于天下者，均可记入本纪。此篇以黄帝、颛顼、帝喾、尧、舜为五帝，依次记录其事迹，重在表现其美德和聪明才智。我们经常说三皇五帝，但司马迁不写三皇，只写五帝，且五帝从黄帝写起，是因为他认为黄帝之前的事情难以考查，从黄帝之后，才信而有征。当然，从黄帝写起，还因为司马迁所处的汉武帝时期，社会上有一种崇拜黄帝的思潮。颛顼、帝喾、尧、舜都被视为黄帝的后裔，黄帝是华夏民族的祖先。

1. 历史的纲

五帝指的是黄帝轩辕、颛顼帝高阳、帝喾高辛、帝尧放勋、舜帝重华五位部落首领。

五帝时代是"天下为公"的公天下，五帝之后是"天下为家"的家天下。黄帝之前是一个渺茫的、无法叙述的时期，黄帝之后就有些资料开始可以叙述了。黄帝时期是一个分水岭，我们称黄帝是人文始祖。

黄帝平定了诸侯之乱,打败了炎帝、蚩尤,被尊称为天子。

颛顼是黄帝的孙子,把百姓治理得很好。

黄帝,摘自《历代古人像赞》

颛顼,摘自《历代古人像赞》

帝喾,摘自《历代古人像赞》

帝喾是黄帝的曾孙,极其聪明,道德高尚,生下来就能说出自己的名字。

帝尧是帝喾的儿子,他制定了历法,确定了春分、夏至、秋分、冬至,确定了三百六十六日为一年,设置了闰月,使四季顺序不乱。

帝舜也在黄帝之后颁布了历法,统一了度量衡,划分国土为十二州,疏通河道。

尧最后没有把天子之位传给儿子,而是让给了舜,史称"禅让"。不过司马迁这种说法和山西陶寺遗址的考古发现有些冲突。

帝尧,摘自《历代古人像赞》

帝舜,摘自《历代古人像赞》

2. 文字的魂

轩辕乃修德振兵,治五气,蓺五种,抚万民,度四方,教熊罴貔貅䝙虎,以与炎帝战于阪泉之野。三战,然后得其志。蚩尤作乱,不用帝命。于是黄帝乃征师诸侯,与蚩尤战于涿鹿之野,遂禽杀蚩尤。而诸侯咸尊轩辕为天子,代神农氏,是为黄帝。(牛运震:《史记》长于用虚字。如叙黄帝征伐之事一段,屡用"而"字、"于是"、"然后"等字顿挫,句贯连断得宜,此太史公用虚字之妙也。)

时播百谷草木,淳化鸟兽虫蛾,旁罗日月星辰,水波土石金玉,劳勤心力耳目,节用水火材物。(牛运震:《大戴礼》"时播百谷草木,故教化淳鸟兽昆虫,历离日月星辰,极畋土石金玉,劳心力耳目,节用水火材物",与《史记》异数字,不如《史记》之稳炼亲切。)

静渊以有谋,疏通而知事;养材以任地,载时以象天。(牛运震:此数句渊懿深厚之文。)

日月所照,风雨所至,莫不从服。

就之如日,望之如云。(牛运震:二语奇丽,六朝文字之祖。)

一年而所居成聚,二年成邑,三年成都。

3. 精神的根

司马迁对五帝的描写,颇有神奇之处。他们大公无私,德化天下,尤其是尧帝和舜帝,更是天下为公的典范,力行禅让,选贤与能,散发着人性的光辉。《五帝本纪》全篇,洋溢着司马迁倡导的人文主义精神。

夏本纪第二

【导读】 此篇材料源自《尚书》和历史传说，主要记录了从大禹到夏桀之间的夏朝历史。全篇叙述大禹事迹最为详细，塑造了一个勤勉智慧、心系苍生的英雄形象。司马迁对于夏朝荒淫暴虐之君孔甲和夏桀的叙述较为简略，可能是因为史料和传说较少所致。由于夏朝没有留下明确的文字资料和考古遗存，至今还是一个谜，本篇成为了解夏朝的重要参考资料。

1. 历史的纲

大禹治水　划分九州

大禹是黄帝的玄孙，鲧的儿子。帝尧时期，洪水肆虐，帝尧派鲧治水。鲧用壅堵的方法治水无功，后来被处死。大禹接替父亲治水的任务，三过家门而不入，采用疏导的办法，用了十三年的时间，划分九州

大禹，摘自《历代古人像赞》

(冀州、兖州、青州、徐州、扬州、荆州、豫州、梁州、雍州），巡行山川，疏通水道，治理了水患。老百姓从此安居乐业。

帝舜临终时，把天子之位禅让给了大禹。

家天下之始

禹去世后，把天下禅让给了大臣益。三年丧礼之后，天下臣民不拥戴益，益就把天子之位给了大禹的儿子启。自此便结束了"公天下"的传统，开启了"家天下"的先河。夏朝至夏桀暴政，最终被商汤所灭。

伯益，摘自《历代名臣像解》　　　启，摘自《三才图会》

2. 文字的魂

禹为人敏给克勤；其德不违，其仁可亲，其言可信。（牛运震：纪禹为人于此，极有安顿。）

禹伤先人父鲧功之不成受诛，乃劳身焦思，居外十三年，过家门不敢入。(牛运震：此数语写出圣人忠孝至性，笃厚可泣。)

非其人居其官，是谓乱天事。(牛运震：此处改《尚书》极森竦，古意可思。)

3. 精神的根

大禹忠孝淳厚，勤勉智慧，受到百姓敬仰，尊为禹圣；夏桀无德，伤害百姓，最终败走亡国。

大禹百折不挠、为民治水的奉献精神，是中华民族的宝贵财富。

殷本纪第三

【导读】 本篇主要取材于《尚书》《诗经》等文献资料，叙写自成汤至殷纣五百多年的商朝历史。由于可参考的资料有限，篇中所写基本为梗概性的介绍。司马迁在清晰介绍商朝帝王世系基础上，对开国之君成汤和亡国之君殷纣的描写较为具体，此外对太甲、太戊、武丁以及辅臣伊尹、伊陟、傅说的叙述也值得注意。商朝作为我国第一个有历史文献和考古文物可以证明的朝代，对中华文明影响深远。我国目前发现最早的文字，就是出自殷墟的甲骨文。

1. 历史的纲

契封商地

殷商的始祖"契"是帝喾之子。其母亲简狄是有娀氏的女儿，帝喾的妃子。简狄在野外沐浴时，吞下玄鸟之卵，于是怀孕生下了契。契成年后辅佐大禹治水有功，被舜帝封于商。

契，摘自《历代名臣像解》

成汤灭夏

契的后裔成汤迁都到亳(殷),并得到贤臣伊尹,征伐无道之君夏桀,建立了商朝。

成汤,摘自《历代古人像赞》

太戊修德

太戊即位时,殷商衰微,诸侯不朝。太戊以伊陟为相,并听从其建议,修养德性,最终复兴殷商,诸侯来朝。太戊因此被尊为中宗。

盘庚迁殷

从契到成汤之间,商的都城八次迁徙。成汤之后,一直到盘庚时期,都城又五次迁移,最后到黄河南岸成汤时的故都亳。盘庚迁都后,学习成汤的治理方式,带来了商朝的复兴。

武丁中兴

武丁即位之后,访求贤人,得到傅说辅佐,修政行德,重振殷商,史称"武丁中兴"。

武丁,摘自《三才图会》

殷纣失国

商朝最后一位国君殷纣,生活荒淫,酒池肉林,施政残暴,杀戮忠良,激起百姓愤怒。西伯昌之子姬发在牧野与殷纣军队作战,商朝士兵倒戈,纣王自焚而死,商朝灭亡。

2. 文字的魂

人视水见形,视民知治不。(牛运震:"人视水见形"二语,更深古。)

欲左,左。欲右,右。不用命,乃入吾网。(牛运震:此文当作:欲左者左,欲右者右。省一字便古劲。)

古禹、皋陶久劳于外，其有功乎民，民乃有安。(牛运震：此用常语，自然古妙。彼以雕饰刻削为古者，内不足也。)

3. 精神的根

成汤是中国历史上有德的圣君，打猎时将四面围网的做法改为只围一面（网开三面），被诸侯视为"汤德至矣，及禽兽"。这是说成汤的仁德已经无微不至，连禽兽都蒙受他的恩泽。成汤受到诸侯敬仰，这就是道德的力量。

周本纪第四

【导读】 本篇记载内容时间跨度大,从后稷诞生,一直到东周灭亡。其取材多来自《诗经》《尚书》《逸周书》《国语》《春秋》和《左传》。西周历史贯穿一个"德"字,有德而兴,无德而衰。东周历史则突出了一个王朝衰败的过程。

1. 历史的纲

姜原生弃

周人始祖"后稷"的名字叫"弃",其母亲是帝喾的正妃姜原(姜嫄)。姜原踩了巨人的足迹后怀孕生下了弃,起初她打算把他丢掉,后来发现很多鸟兽都保护他,就把他抚育成人。帝尧任命弃为掌管农业生产的农师,使百姓免于饥荒,称弃为"后稷",以姬为姓。

后稷,摘自《历代名臣像解》

文王演《易》

西伯姬昌，即后来的周文王，他仿效先祖后稷、公刘、古公亶父、公季的法则，礼贤下士，积德累善，使耕者让畔、民俗让长，颇有威望。姬昌后被商纣王囚禁在羑里，在狱中推演、创作了《周易》。

武王伐纣

文王之子周武王继位后武王伐纣，在牧野之战中击败了纣王。纣王自焚而死，周武王平定天下，建立周朝。他分封开国功臣和周王室的亲属，通过分封诸侯建立起对国家的管理机制。

周文王，摘自《历代古人像赞》　　周武王，摘自《历代古人像赞》

周召共和

周厉王奢侈傲慢，暴虐无道，百姓不敢发表意见，道路以目。三年以后,国人暴动,袭击了厉王,厉王逃走。召公、周公两位辅相代替天子处理国政,被称为"周召共和"。这一年是公元前841年,也是中国历史有确切纪年的开始。

烽火戏诸侯

周幽王为博得美人褒姒一笑,烽火戏诸侯,后来被犬戎所杀。周幽王太子宜臼,迁都洛邑,称周平王。从周平王起周王室衰微,礼乐征伐自诸侯出,历史进入东周时期。

诸侯称霸

东周的前半期(前770—前476),诸侯争相称霸,被称为春秋时期。

战国七雄

东周的后半期(前475—前256),韩、赵、魏三家分晋后,各诸侯争相侵伐,被称为战国时期。

秦灭周

公元前256年,秦庄襄王灭周公国,周赧王病逝,周灭亡。

2. 文字的魂

有民立君,将以利之。民之在我,与其在彼。(牛运震:此数语较《孟子》所载为繁,然特明透,曲折有情。)

礼贤下者,日不暇食以待士。

耕者皆让畔，民俗皆让长。

匹夫专利，犹谓之盗，王而行之，其归鲜矣。

防民之口，甚于防水。水壅而溃，伤人必多。

3. 精神的根

后稷、公刘、古公亶父、公季、西伯昌、武王都是非常贤明的首领或君主。厉王、幽王都是非常暴虐无道的君主。周平王东迁后的君主势力都很单薄，无力承担起周王室复兴的重任，只好在拼武力、实力的数百年中委曲求全。

读完"十二本纪"再看《周本纪》，做一个君主仅有贤德是远远不够的，有勇、有谋、有德缺一不可。

秦本纪第五

【导读】 本篇主要书写秦始皇之前的秦国先祖们是如何发家建国、治理国家,为秦始皇统一六国奠定了基础的,对了解秦文化有重要意义。

1. 历史的纲

在十二本纪中,与秦有关的有两篇:《秦本纪》和《秦始皇本纪》。《秦本纪》叙述了秦始皇先祖从兴起、发展到称霸的历史。

大费得姓

秦的祖先是颛顼帝的后代女脩,女脩吞吃了鸟卵生了大业,大业的孩子大费跟随大禹治水,后帮助舜帝驯养鸟兽,舜帝就赐姓嬴氏。

周孝王时,秦的后代非子及后人为王室驯养马匹,非子在秦地建立城邑,号称"秦嬴"。

受封秦地

秦襄公在周平王被西戎进攻时参与救援,周平王为躲避犬戎，东迁洛邑，秦襄公一路护送。周平王感念其忠诚勇敢，便封秦襄公为诸侯，把岐山以西的地盘赏赐给他，确定了他的领地和爵位。秦正式成为诸侯国。

秦晋之好

秦穆公四年（前656），穆公到晋国迎娶晋太子申生的姐姐为妻，这是秦晋之间第一次联姻，开启了"秦晋之好"的局面。

恩将仇报

秦穆公十二年（前648），晋国遇到大旱，粮食歉收，秦穆公采纳了百里奚、公孙支的建议，借给晋国粮食。运送粮食的队伍很长，从秦国的都城雍县一直到晋国的都城绛县，车船相望。

十四年（前646），秦国发生饥荒向晋国请求支援，晋国非但不借粮，反而趁秦国之危发起战争。秦穆公亲自迎击晋军，会战于韩原。秦穆公想擒拿晋惠公，结果被晋军包围还受了伤，幸有得过他恩惠的三百人投奔他，不仅使他脱离险境，还俘获了晋惠公。后秦穆公欲杀晋惠公，周天子和秦穆公夫人求情，于是秦穆公放晋惠公回国，秦晋签订了盟约。

孝公求贤

秦孝公继位后修德行武，欲成霸业，他说"复穆公之故地，修穆公之政令。寡人思念先君之意，常痛于心"，并选贤与能、广招能士。卫国人商鞅帮助秦孝公实行变法，对内奖励耕织、垦荒,对外废除世禄制,奖励军功。孝公十九年(前344),周天子封秦孝公为方伯,成为诸侯霸主。

昭襄王筑基

秦昭襄王在位五十六年,发生了著名的五国伐齐、华阳之战和长平之战,他采用远交近攻的策略,奠定了秦统一六国的基础。

庄襄王灭周

庄襄王即位后,任用吕不韦为丞相,扩大了大秦版图,铲除了周的残余势力。

一统天下

秦嬴政即位第二十六年,第一次统一了天下,将天下分为三十六郡。嬴政号称"始皇帝",四十九岁驾崩,其子胡亥即位为秦二世。后来天下反秦,赵高令人杀了胡亥,立子婴为帝,子婴在位一个多月便被项羽杀死,秦朝灭亡。

2. 文字的魂

使鬼为之,则劳神矣,使人为之,则苦民矣。(牛运震:"使鬼为之",奇语,最警快,若单言"使人为之",便平直无味。)

中国以诗书礼乐法度为政,然尚时乱,今戎夷无此,何以为治,不亦难乎?

夫戎夷不然,上含淳德以遇其下,下怀忠信以事其上,一国之政犹一身之治,不知所以治,此真圣人之治也。

邻国有圣人，敌国之忧也。

3. 精神的根

韩原大战中的双方是晋惠公和秦穆公。秦穆公仁厚，能体恤百姓，他免除岐山三百人偷吃良马的死罪，且赏赐他们美酒，其后这些人还救了秦穆公，是得道多助的典范。

从秦朝历史来看，秦始皇统一六国，其来也渐，有祖先几代人的努力做铺垫。

君主成就伟业，要有勇、有谋、有德。

秦始皇本纪第六

【导读】 本篇为大秦帝国兴亡史。先写秦始皇统一六国及称帝后的一系列治理措施,次写其修建宫室陵墓、巡游求仙和独裁统治,后写二世胡亥亡国,有褒有贬。

1. 历史的纲

继承王位 一统天下

秦王嬴政是庄襄王的儿子。庄襄王在赵国当人质时,娶了吕不韦进献的赵姬,生下嬴政。嬴政十三岁继承了王位,因为年幼,政事都交给大臣们处理。

公元前238年,秦王嬴政二十一岁,他铲除了丞相吕不韦和长信侯嫪毐的势力,开始亲政,制定"灭诸侯,成帝业,为天下一统"的策略,远交近攻,逐个击破,笼络燕齐,稳住魏楚,消灭韩赵。

从公元前230年至前221年的十年中,嬴政先后灭掉了韩、赵、魏、楚、燕、齐六国,结束了中国自春秋战国以来五百多年诸侯割据纷争的局面,建立起中国历史上第一个统一的中央集权国家。

确定名号

秦王嬴政统一六国后,向大臣征求帝王名号,要求名号与其功业相匹配,能够流芳后世。大臣们建议从天皇、地皇、泰皇中选取最尊贵的"泰皇",其命令称为"制"和"诏",自称为"朕"。嬴政最后从三皇中取个"皇"字,从五帝中取个"帝"字,合称为"皇帝",意思是德高三皇,功过五帝。

嬴政认为君王生时有帝号,死时有谥号,这样做就等于让儿子评论父亲,臣子评议君主,是对先王的不尊,于是取消谥号,自称"始皇帝",后代子孙以数字相称,从二世、三世,直到万世。

推行郡县　同轨同文

秦始皇统一天下后,深知分封制的弊端,于是就把天下分为三十六郡,每个郡设置郡守、郡尉、监郡,郡守管政事,郡尉管军事,监郡管监察,又把黎民百姓称为"黔首"。

秦始皇又统一法律和度量衡,统一了车轨的尺寸,统一全国文字为小篆,规范了汉字书写形式。

他还设立桂林、象郡、南海郡三郡,派蒙恬渡过黄河以北取高阙、阳山、北假中,修筑岗亭,建立起与匈奴对抗的防御体系。

焚书坑儒　修建阿房

秦统一后,秦始皇担心思想文化不统一会影响治理,就下令把私人藏的《诗》《书》等诸子百家著作上交烧毁,并下令将聚集讨论《诗》《书》的人处死,敢颂古非今的灭族,只留下医药、占卜、种树一类的书。

秦始皇还把各种持有不同言论的儒生四百余人活埋于咸阳,昭告天下。长子扶苏曾劝谏说:"这些读书人读的都是孔子的书,皇上却用重刑,天下可能会不安宁"。秦始皇很生气,就把扶苏派往边远的上郡,为蒙恬当监军。

秦始皇还调集了七十万刑徒,一半建造阿房宫,一半建造骊山的始皇陵。

焚书坑儒,穷兵黩武,秦始皇将百姓置于水深火热之中。

盛极而衰

秦始皇在出游返程中驾崩,赵高、李斯、胡亥改掉遗书,立胡亥为太子,逼迫扶苏、蒙恬自杀。胡亥即位为秦二世,即位三年,昏庸无度,被赵高的女婿咸阳令阎乐杀死,子婴被立为国君,仅两个月就被项羽所杀,秦灭亡。

2. 文字的魂

上以振威天下,下以除去上生平所不可者。(牛运震:长短句作对,古文法。)

野谚曰:"前事之不忘,后事之师也"。……去就有序,变化有时,故旷日长久而社稷安矣!(编者按:蕴含司马迁对秦始皇及二世失去江山的思考)

问左右,左右或默,或言马以阿顺赵高。或言鹿,高因阴中诸言鹿者以法。(牛运震:此处叙次极错落。)

盗多,皆以戍漕转作事苦,赋税大也。(牛运震:数语可括《过秦论》,笔法简古。)

3. 精神的根

秦始皇是一位有雄才大略的皇帝。他一统六国,建立起统一的中央集权制的国家,建立自己的官僚队伍,建章立制。打破了血缘关系的宗法制、封建制,用官僚制代替了贵族的世袭制,开启了新的国家治理模式。

秦二世昏庸无度,胡作非为,"始皇既殁,胡亥极愚,骊山未毕,复作阿房",在位仅仅三年,就使秦帝国土崩瓦解。

一个有勇、有谋、有德的君主对于一个国家非常重要,一个有约束的治理结构对于一个国家更为重要。

项羽本纪第七

【导读】 本篇写项羽从幼年学习到兵败乌江的过程,司马迁歌颂了他在灭秦过程中的丰功伟绩,又对他的思想落后、策略错误和性格缺陷进行批评,颇多惋惜同情。

1. 历史的纲

卓越地位

司马迁把项羽列入本纪,认同他的丰功伟绩和短暂的实质性的统治地位。楚汉相争中的四年多,政由羽出,当时绝无仅有。

初露峥嵘

项羽是楚国名将项燕之后,从小喜欢兵法,才气过人,力能扛鼎。他偶然看到

项羽,摘自《清刻历代画像传》

秦始皇出游会稽渡钱塘江时候的大场面,脱口而出"彼可取而代也"。

吴县起兵

项羽和叔叔项梁从吴县起兵,拥立楚怀王之后,感召百姓,起兵造反。

破釜沉舟

秦将章邯把赵王歇围在巨鹿城中,赵国向楚军求救。楚王任命宋义为上将军、项羽为次将、范增为末将,北上救赵。宋义屯兵观望不前,贻误战机,项羽兵变诛杀宋义,自立为上将军渡河救赵,把船凿沉,把做饭用的锅碗瓢盆全部砸破,表明了背水一战的决心。随后巨鹿之战,项羽大获全胜。

三秦之名

秦将章邯害怕赵高陷害自己,就投降项羽。后项羽担心章邯的军队叛乱,将其二十万人马全部活埋,只留下章邯、司马欣、董翳三个人。这三人后来被项羽封为雍王、塞王、翟王,三分关中,"三秦"之名由此而来。

鸿门之宴

项羽的军队一路西进,到达新丰县鸿门,项羽听说刘邦密谋在关中称王,于是计划进攻刘邦。项羽的叔叔项伯想救刘邦的谋士张良,约刘邦当面给项羽道歉澄清。范增计划在鸿门宴上杀掉刘邦,并多次暗示项羽动手,可项羽无动于衷。

项庄计划在舞剑的过程中杀死刘邦，项伯却处处掩护刘邦以至于项庄无法下手。张良趁机叫樊哙进来解围，其后刘邦借上厕所的机会逃走。

楚汉相争

灭秦后，项羽分封功臣，并没有按照之前的约定把刘邦分封在关中，而是封他为汉王，统辖巴、蜀、汉中三个地区。刘邦明修栈道、暗度陈仓，从汉中杀出来，平定了三秦，后来经过彭城之战、荥阳之战、广武涧之战（中国象棋上的楚河汉界即指此条鸿沟）、垓下之战，最终打败了项羽，项羽兵败身死，刘邦建立了大汉王朝。

2. 文字的魂

剑一人敌，不足学，学万人敌。（牛运震：口语逼肖。）

沛公大惊，曰："为之奈何？"……沛公默然，曰："固不如也，且为之奈何？"（牛运震：此处极得英雄仓皇之神，再叠一"为之奈何"，逼勒更紧。叙沛公与张良问答处，顿挫起伏，有脉有势。沛公语语急，张良语急迫中带舒缓之神。神吻生肖，百世下读之，如新脱于口。）

富贵不归故乡，如衣绣夜行，谁知之者！

吾翁即若翁，必欲烹而翁，则幸分我一杯羹。（牛运震：诞语带诙谐，妙，尔时措辞，正须如此。）

3. 精神的根

项羽是一个失败的英雄，简单直率，有勇无谋，有一范增而不能用,和刘邦善用韩信、萧何、张良、陈平、周勃、樊哙等人比起来,项羽在用人方面乏善可陈,值得管理者深思。

高祖本纪第八

【导读】 本篇写刘邦从起兵反秦到建国称帝的全过程,对刘邦的优点叙述详细,对刘邦的工于心计、诛杀功臣则表示厌恶,刻画的刘邦形象非常丰满。

1. 历史的纲

乱世英雄

刘邦,字季,据说其母在湖畔休息时梦见与天神交合,然后就怀孕生了刘邦。刘邦从小胸怀大志,在咸阳服役时,看到秦始皇出游的巨大排场,感慨说:"大丈夫当如此也。"

秦二世元年(前209)秋天,陈胜、吴广等人起兵反秦,自立为王,号"张楚"。刘邦跟随樊哙来到沛县,杀掉县令。萧

刘邦,摘自《历代古人像赞》

何、曹参等人推选刘邦为首领,后投奔项羽的叔父项梁,拥立楚怀的孙子熊心为新的怀王。

先入关中　约法三章

楚怀王派刘邦西进攻打关中,并与各路将领约定,谁先占领关中,谁就做关中王。刘邦一路西进,十月到达咸阳东南的霸上,秦王子婴投降。刘邦以关中王的身份废除了秦朝的严刑酷律,与关中百姓约法三章,杀人者偿命,伤人及偷人东西的按照情节定罪。

楚汉争霸

次年八月,刘邦明修栈道,暗度陈仓,平定三秦。刘邦又用陈平的离间计,挑拨项羽与范增的关系,之后争取到韩信、彭越的支持,游说黥布叛楚归汉,终于在汉王五年,与项羽决战于垓下,诛灭项羽。

次年二月初三,刘邦在汜水之北正式称帝,开始了汉王朝的统治。

胜利者宣言

刘邦即位后在洛阳南宫故意问大臣们自己何以能得天下,大臣们莫衷一是,刘邦自己总结说:"夫运筹策帷帐之中,决胜于千里之外,吾不如子房。镇国家,抚百姓,给馈饷,不绝粮道,吾不如萧何。连百万之军,战必胜,攻必取,吾不如韩信。此三者,皆人杰也,吾能用之,此吾所以取天下也。项羽有一范增而不能用,此其所以为我擒也。"

大风歌

高祖十二年（前195），刘邦路过沛县时，在老家招待亲朋故旧，喝酒尽兴时，作了《大风歌》："大风起兮云飞扬，威加海内兮归故乡，安得猛士兮守四方！"

2. 文字的魂

天下苦秦久矣。（牛运震：此为高祖初起令约，又在入关告谕之先，简质有气。）

父老苦秦苛法久矣，诽谤者族，偶语者弃市。吾与诸侯约，先入关者王之，吾当王关中，与父老约，法三章耳。

当是之时，赵歇为王，秦将王离围之巨鹿城，此所谓河北之军也。（牛运震：此处用提摄，较《项纪》有详简之别，而同一局仗。前后叙次，得此气势振动，无此则曼衍矣。）

汉王伤胸，乃扪足曰："虏中吾指！"（牛运震：伤胸扪足，所以安士卒也，缘下文有张良请汉王"安士卒，毋令楚乘胜于汉"等语，故此处不复注明，而笔法简捷特甚。）

3. 精神的根

刘邦比项羽大二十四岁，老练成熟，用人取舍之间，拿捏有度。在楚汉相争的过程中，刘邦扔下儿子女儿只顾自己逃命，不顾父亲和妻子被项羽作为人质。面对项羽要烹食父亲的威胁，刘邦对项羽说："吾翁即若翁，必欲烹而翁，则幸分我一杯羹"，痞气十足。

在沛县刘邦被推选为沛公，出汉中时为兑现承诺，讨伐项羽并列举项羽十宗罪。得知义帝被杀后，刘邦为义帝哭丧三日，并向各诸侯发出通告讨伐项羽。

刘邦虽性格复杂，但知人善任，确有过人之处。

吕太后本纪第九

【导读】 本篇记录吕后一生大事。吕后在汉惠帝时执政七年,惠帝之后又有八年,共十五年专权,大封诸吕,铲除异己,执政天下,因此被司马迁写在本纪当中。

1. 历史的纲

果敢刚毅　中流砥柱

吕后名吕雉,是刘邦在沛县时的结发之妻,是汉惠帝刘盈和鲁元公主的母亲。吕后刚毅勇敢,在刘邦打天下和诛杀大臣的过程中多有她的力量,吕氏家族也是刘邦的重要支撑。吕后的哥哥吕泽、吕释之都是刘邦的将领,两个侄子吕台、吕产也都被封侯了。

残忍无情

刘邦曾有计划立戚夫人的儿子赵王如意为太子,吕后因此担心、嫉恨。刘邦死后,吕后命人把戚夫人斩去手脚,挖掉眼睛、烧坏耳朵、强灌哑药、扔到厕所里,称其为"人彘"。汉惠帝看到悲愤交加,卧病在床。受到刺激的汉惠帝终日饮酒淫乐，不听政事，精神世界崩塌了，身体也毁了。

吕氏掌权　大封诸吕

汉惠帝驾崩时，吕后哭而无泪，大臣们不得其解。张良的儿子张辟疆说："皇上没有留下成年的孩子，太后怕治不了这些大臣，要是吕氏的吕台、吕产能执掌兵权，太后就放心了，大臣们也不会有什么危险。"丞相于是照办，吕后才哭出眼泪，从此吕氏家族崛起。

吕后连杀刘如意、刘友、刘恢三位赵王，灭掉了梁、赵、燕三个刘姓国家而改封吕氏家族的人为王，铲除异己，扶植本家。

平定诸吕　拥立文帝

吕后死后，老臣周勃、陈平和灌婴等人灭掉了吕氏集团，因代王刘恒是高祖之子，年纪最大，仁孝宽厚，且舅家谨良，便迎立为帝。

2. 文字的魂

孝惠为人仁弱，高祖以为不类我，常欲废太子，立戚姬子如意，如意类我。（牛运震：此以"类我""不类我"分属语之，起迄颠倒作对，妙。若云"太子不类我，常欲废之；如意类我，欲立之"。则板拙甚矣。）

刑罚罕用，罪人是希。民务稼穑，衣食滋殖。

3. 精神的根

吕后是中国历史上第一位实际执政的女主，既有贤妻良母的一面,也有野心家阴险毒辣的一面。在楚汉相争时,她两次被绑架,看清了刘邦在险境中对父亲、自己、儿女的态度,嫁给刘邦后才知道刘邦已有一子刘肥。刘邦死后,吕后又与诸侯王、老臣博弈,内心"强大"到无情的地步。

孝文本纪第十

【导读】 本篇写孝文皇帝（汉文帝）在大臣们诛除诸吕后即位及其后的一系列治国措施，通篇饱含了司马迁的赞许之情。

1. 历史的纲

代王即位

汉文帝刘恒是刘邦的第四子，曾被刘邦立为代王。吕后驾崩后，周勃、陈平、灌婴等大臣平定了吕氏家族的叛乱，共同诛灭了吕氏势力，推选德行高尚的代王为皇帝。

刘恒，摘自《历代古人像赞》

宽厚仁慈

文帝即位后,废除了一人有罪全家连坐的法律;他废除了在罪犯脸上刺字并着墨、削鼻、斩足三种肉刑;重视农业,减免农业的租税;照顾老人,收养孤独者;节俭寡欲,不接受诸侯王和大臣们的进贡,不为自己谋私利;废除宫刑,放出后宫女子,不做绝人子嗣的事。

各守其地

文帝发现诸侯王大多居住在长安,封地上的官吏士卒为他们运送物资非常辛苦,而这些列侯本人也没有机会去教导和管理他们的百姓,于是就派所有的诸侯回到自己的封地,管理自己的百姓。他还让绛侯周勃辞去丞相职位,带头回到封地。

节俭惠民

文帝从代国来到长安,在位二十三年,宫室、私人花园、狗马、服饰、车驾都没有任何增设,对百姓有任何不便之处就开放禁令以方便百姓。他自己经常穿着简陋的粗布衣服,帷帐不织文绣锦,以敦厚简朴为天下作表率。文帝在霸陵为自己修建陵墓,为了节约不给百姓添麻烦,以山为陵,殉葬品都是瓦器,不用金银铜锡。

以德治国

文帝心怀百姓,大臣们都说,汉王朝的功业之大没有胜过高祖皇帝的，汉王朝的德泽之深没有胜过文帝的，高祖庙应该成为汉朝的太祖庙，文帝的庙应该成为汉朝的太宗庙。

2. 文字的魂

方今内有朱虚、东牟之亲，外畏吴、楚、淮南、琅邪、齐、代之强。方今高帝子独淮南王与大王。（牛运震：两"方今"极肖口吻，得指画陈说之神。《汉书》削其一，遂减色。）

先民后己，至明之极也。

世功莫大于高皇帝，德莫盛于孝文皇帝。（牛运震：二语精确正大，穆然高古，此一篇绝大收结，太史公真实笔力也。班氏移此段于孝景帝纪中，以为此景帝事，可谓知作史，而不知为文者矣。）

3. 精神的根

汉文帝仁爱节俭，泽被百姓，群臣赞颂，他的治理为景帝乃至武帝时期的兴盛奠定了基础。尽管汉文帝也有缺点，但他符合明君的要求。

孝景本纪十一

【导读】 本篇可能在流传过程中有讹误。司马迁对汉景帝一生的大事均简要记录,不作详细描写,行文非常特别,对汉景帝的态度以赞许为主,间有批评。

1. 历史的纲

承袭文帝

汉景帝刘启是汉高祖刘邦的孙子,汉文帝刘恒的儿子,子承父位。

七国之乱

汉景帝二年(前155),晁错向景帝提出《削蕃策》,"今削之亦反,不削亦反;削之,其反亟,祸小;不削之,其反迟,祸大",并提醒要提防诸侯势力最强大的吴王刘濞,主张削弱他们的势力。

刘启,摘自《历代古人像赞》

削蕃令受到了诸侯们的强烈反对，他们打着"清君侧"的名义，联兵反叛，史称"七国之乱"。景帝听取了当时在吴国担任丞相的袁盎的建议，决定牺牲晁错以换取诸侯退兵。但清君侧只是借口，反叛是真。景帝派大将军窦婴、太尉周亚夫率军讨伐，平定了叛乱。

休养生息

景帝继续推行了文帝与民休养生息的治国之策，使西汉的国力进一步加强。文帝临终前，留遗诏每户百姓赏一百钱，宫中的侍应女子一律放回老家，终身免除赋税。

2. 文字的魂

天子为诛晁错，遣袁盎谕告，不止。（牛运震：则诛错之失可见矣，此书法也。）

孝文施大德，天下怀安。

及主父偃言之，而诸侯以弱，卒以安。（牛运震："卒以安"三字娟峭，结句宕开，古笔远神，妙在不甚说透，正自含蓄无穷。）

安危之机，岂不以谋哉？

3. 精神的根

从历史的细节看，景帝刘启为太子时用棋盘砸死了吴王刘濞的儿子，"七国之乱"时又牺牲为他出谋划策的晁错，是一个可远观而不可近看的帝王。尽管景帝在内部政治斗争中有其恶劣的一面，但在治国方略方面，却有值得称道之处。

孝武本纪十二

【导读】 本篇除开头六十字,其余部分取自《封禅书》与汉武帝相关的内容。一说司马迁《孝武本纪》原文因揭示汉武帝缺点而惹怒汉武帝,以致原文被删除;一说《孝武本纪》原文没有诽谤汉武帝之处,应该是后来失传了。

历史的纲

在《太史公自序》中司马迁讲到,"汉兴王世,隆在建元,外攘夷狄,内修法度"。此篇本应该记述汉武帝的文韬武略,但实际内容大多是从《封禅书》中摘录汉武帝祭祀活动的点点滴滴。司马迁所写的《孝武本纪》应该是丢失了,现在《史记》中看到的内容应是后人从《封禅书》中所摘录出来的。

面对一个文韬武略却又好大喜功的当朝皇帝,一个对自己有恩却又伤自己最深的人,司马迁对汉武帝有一种非常复杂的心态,一方面自己在汉武帝时期受到巨大的屈辱,另一方面汉武帝时期国家又发生了巨大的变化,政治、军事、经济、文化在文景之治的基础上都有了质的变化。汉武帝时期是司马迁亲身经历的历史时期,《孝武本纪》本应是最精彩的一篇,可惜我们看不到这篇文章最初的版本了。

十　表

《史记》的十表,用表格的形式,按世系、年月和国别纵横谱写历史中的人和事,是司马迁综合"历""谱"两者而推陈出新的一种历史表达方式。"谓事微而不著,须表明也,故言表也"。

三代世表第一

【导读】 本篇主要记录三代世系传承。由于年代久远,司马迁的有些记录未必符合真实的历史。

此表实际记述五帝、三代(夏、殷、周)之属,而篇名唯以三代系表者,主要是三代代系长远,宜以名篇;且三代皆出自五帝,故叙三代要从五帝而起。

黄帝、颛顼、帝喾、尧、舜组成五帝系列,后由夏、殷、周组成三代系列。这两个系列合为一表,无论是纵还是横,源头都归于黄帝,所以此表可以说是黄帝的家谱。

《三代世表》是只录世系,无关年月的,它的终点是共和。从共和元年开始,中国历史才有了明确的连续不断的纪年,追溯起来,公元前841年共和元年的记述,就是来自《史记》。

十二诸侯年表第二

【导读】 本表除周天子作为共主外,记录十三诸侯世系,因多取材于鲁《春秋》和《左传》,故以鲁国视角记录,不计鲁国共十二诸侯。由此表可见各国之盛衰趋势。

三代世表和十二诸侯年表在时间上是前后相接的,交接点是周朝的共和年间。十二诸侯年表从公元前841年到公元前477年,总共三百六十五年历史,是春秋时期各诸侯国年表。

十二诸侯年表中第一栏是周朝,不算诸侯,从上而下依次是鲁、齐、晋、秦、楚、宋、卫、陈、蔡、曹、郑、燕、吴十三个诸侯。十二诸侯年表的主要来源是鲁《春秋》,而《春秋》的纪年,是鲁国君主的纪年,因此鲁国在表里有特殊地位,所以不计。

十二诸侯年表构建了一个时空并举的历史长卷。我们在本纪、世家和列传中看不清楚的宏观场景,在这里有全局性的展示。

宋代杰出的文献学家郑樵说《史记》一书,功在十表,表是《史记》的骨架。

六国年表第三

【导读】 在本表序言中,司马迁认为秦统一六国是历史的必然,但在统一过程中秦的手段过于残暴。此外,司马迁还肯定了秦政策方略的实际成效。

六国年表上起周元王元年(前476),下至秦二世三年(前207),纵横谱写了二百七十年的历史,其中大部分时间是战国时期。六国年表除了周王朝以外,自上而下是秦、魏、韩、赵、楚、燕、齐,今天我们所说的战国时期的起始年代(前476)及战国七雄这一称呼,都来自《史记》这篇六国年表。

六国年表实际记录了七国,秦国没有计算在内,为什么呢?因为它是以秦朝当时的编年档案《秦记》为基础编纂的。

秦楚之际月表第四

【导读】 在本表序言中,司马迁感慨秦朝末年的风云变幻,觉得刘邦取天下过于容易。

此表前半是秦楚较量,后半是楚汉相争,分界线是在公元前206年,秦历的十二月。

正是因为司马迁坚持以史实作为历史书写的最高原则,我们才能通过这一份纷繁复杂的月表,看清秦是如何没落、而汉又是如何兴起、如何壮大、如何成功的。

汉兴以来诸侯王年表第五
至建元已来王子侯者年表第九

【导读】 此五表可以看出西汉统治阶级内部的纷争。司马迁认为,虽然在现实中形势逼人,但还是要以仁义为本。

《史记》中的表,总共十篇,其中五篇都涉及汉朝的封王与封侯,依次是汉兴以来诸侯王年表第五、高祖功臣侯者年表第六、惠景间侯者年表第七、建元以来侯者年表第八、建元已来王子侯者年表第九,除了一篇是讲封王的,其余四篇都是讲封侯的。

汉兴以来将相名臣年表第十

【导读】 此表问题颇多,是后人补作还是后人对司马迁的原作进行了删改,不得而知。

此表的主题是汉朝重要官吏的任职时间和归宿,时间跨度为汉高祖元年(前206)至汉成帝鸿嘉元年(前20)。要说这都是司马迁编写的,那他至少得活一百一十岁。南朝刘宋学者裴骃认为汉兴以来将相名臣年表是司马迁的原创和后人的补写合编而成,以汉武帝太始元年(前96)为界,之前的部分是司马迁编写的,之后的部分是后人添加的。

八　书

【导读】　《史记》八书主要记载典章制度,是研究思想文化史的重要文献。

司马迁在《史记》里开辟出"书"这一体裁,并列八篇,目的是通过八个不同的视角,实现他编撰《史记》的整体目标之一——通古今之变。这八个不同的视角,有一个共同的站位原点就是制度,《史记》里的书就是制度史。《礼书》《乐书》《律书》《历书》《天官书》《封禅书》《河渠书》和《平准书》八书中,除《平准书》外,均有其内在的联系。

礼书第一

礼是做人的规矩,仪是规矩外化的某种形式。礼仪是如何产生的呢?"缘人情而制礼,依人性而作仪",这就是说礼仪制度的建设,需要依循人情和人性。

乐书第二

什么是乐?首先是音乐,但又不单指音乐,还包含了乐词、诗歌。乐应该指的是广义的音乐文化，乐是一种有节制的和谐和美好。

当时礼乐不分，乐也是教化的神圣工具。"诗书礼乐"，礼与乐并行。音乐可以"动荡血脉，流通精神"，是调和人心、端正人心的最好工具。宫、商、角、徵、羽，可以说和人的心性是息息相关的。

律书第三

帝王决策重大事情，制定法律，确定度量规则，都以六律为基础，这是因为六律是事物的根本规律。

历书第四

历法、日历、历谱，涉及三个基本概念年、月、日。历是人制作的，却也是宇宙运行的行度表，需要时时观测并加以修正，由此自然与天文学发生关系。

天官书第五

主要讨论的主题是天象观测和天人感应的占星术。天官是天上官位的意思，指星座有尊卑，就像人间的官阶按大小排位，所以叫天官。司马迁所讲的"究天人之际"，其实就是《天官书》一篇的宗旨。

封禅书第六

"封"和"禅"是两种古老的祭祀方式，在泰山上筑个土台子，祭天叫"封"；在泰山下面低一点小一点的山上划出一块平坦的地方祭地，叫"禅"。封和禅都是帝王的专利，《封禅书》就是从上古到汉朝，历代帝王登山临水，向天地寻求合法性证明、领地权力和不老仙方的故事大全。顺从天意，不使天怒是皇帝的职责，祭祀就是其表现方式，故《封禅书》位于《天官书》之后。

河渠书第七

河渠书是从大禹治水写起的，之后写水利制度，主要是两条线，一条是治理黄河水患，一条是修渠和漕运。

平准书第八

"平准"二字字面意思是平衡标准，是汉朝出现的新名词，是著名的理财专家桑弘羊发明的，是一种经济制度上的顶层设计，一种官方的宏观调控政策。

平衡因特殊原因而导致的商品价格非理性波动，平抑商品价格在时间和空间上的巨大差异，维持市场的公正性和有效性，其目的是保证国家稳定的财政收入和保障民众的再生产可以持续。

卜式助边，摘自《马骀画宝》

三十世家

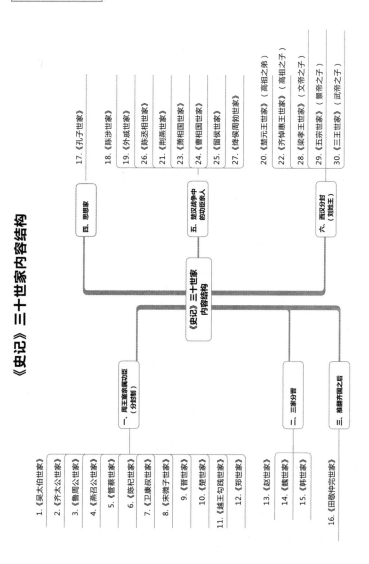

《史记》三十世家内容结构

吴太伯世家第一

【导读】 本篇主要取材于《左传》《国语》,书写了从吴太伯到吴王夫差之间的吴国兴衰史,其中关于吴越两地的历史,有错讹但大部分为信史。

1. 历史的纲

本篇记述了吴国由弱而强又由盛转衰的完整历程,再现了吴楚、吴越以及吴与中原诸侯之间错综复杂的矛盾关系。

避让王位

周太王(古公亶父)有三个儿子,长子太伯、次子仲雍、三子季历,季历有个儿子叫姬昌(周文王)。周太王发现姬昌从小德才出众,就计划立季历为王,以便把政权传给孙子姬昌。太伯就和仲雍出走到荆蛮地区以避让季历,他们的部落叫句吴,也就是吴国。

季札让国

吴王寿梦的四子季札德才高尚,寿梦想立他为王,但季札坚决推辞不受。季札当时被封在延陵,被人称为"延陵季子"。

季札学识渊博,能够见微知著。他受吴国派遣出访,先后到了鲁国、齐国、郑国、卫国和晋国,看清楚了这几个国家未来的发展走势。

吴官教战,摘自《马骀画宝》

季子挂剑,摘自《马骀画宝》

杀僚篡位

公子光刺杀了吴王僚,当上了吴王,即吴王阖闾(阖庐)。阖闾任用伍子胥为外交官负责外交事宜,伯嚭为大夫。后来,吴王在吴越之战中战死,立夫差为王。

忠奸不分　身死国灭

吴王夫差总把灭越报仇的事放在心上,第二年吴国调集了全部的精锐进攻越国,打败越军,把越王勾践逼到会稽山上。伍子胥建议灭掉越国,而太宰伯嚭则建议接受越国大夫文种的求和。伍子胥看出了吴国终将被越国所灭的趋势，再三劝谏，后来却被吴王夫差赐死，死时还说："把我的眼睛挖出来放到吴国国都的东门上，让我看到越国怎样灭掉吴国！"

夫差十八年（前478）和二十年（前476），越王勾践两次起兵伐吴，彻底打败了吴国。吴王夫差后悔没有听伍子胥的话，于是自杀而亡，吴国也最终灭亡。

2. 文字的魂

直而不倨，曲而不诎，近而不逼，远而不携，迁而不淫，复而不厌，哀而不愁，乐而不荒。

德至矣哉，大矣，如天之无不焘（帱）也，如地之无不载也。

始吾心已许之，岂以死倍吾心哉！

食不重味，衣不重采，吊死问疾，且欲有所用其众。

树吾墓上以梓，令可为器。抉吾眼置之吴东门，以观越之灭吴也。

延陵季子之仁心，慕义无穷，见微而知清浊。（陈于陛：延陵季子亦无愧太伯者，故太史公阐以一语，曰"慕义无穷"，盖高之也。）

3. 精神的根

吴之兴在"义"，太伯、仲雍避让在先，季札随其后。

吴之强在"谋"，阖闾知人善用，任用伍子胥、孙武等人。

吴之亡在"自大"，夫差的妇人之仁和刚愎自用。

齐太公世家第二

【导读】 本篇写姜齐的兴亡史,从姜太公建立齐国开始,到姜齐衰亡结束。齐桓公死前为齐的兴盛期,齐桓公称霸达到顶峰。齐桓公死后,齐国内部权臣专权误国,倒行逆施,以致田氏代齐。

1. 历史的纲

本篇记述了太公姜尚(吕尚)辅佐周朝、建立功业,被封至齐,至齐康公死,齐国被田氏取代的历史演变过程。

辅佐文王

齐的始祖姜尚曾跟随殷纣王,纣王不行正道,太公离他而去。周西伯姬昌打猎时,在渭水北岸遇到了太公,高兴地说:"圣人适周,周以兴。"尊称吕尚为"太公望",并任命他为军师。

吕尚,摘自《历代名臣像解》

磻溪垂钓,摘自《马骀画宝》

太公封齐

太公辅佐文王、武王战胜了商纣,被封至齐国营丘。太公到达齐国之后,修明政治、简化礼仪,开放工商业,发展渔盐业,因而百姓都归附齐国,齐国成为大国。

桓公即位

至齐襄公时,他沉湎女色、欺侮大臣,他的几个兄弟知道国家将乱,怕被牵连,纷纷外逃,襄公也在公孙无知的叛乱中被杀死。管仲辅佐的公子纠逃到鲁国,鲍叔牙辅佐的公子小白逃到莒国。其后,雍林人又杀死公孙无知,商议另立新君时,公子小白、公子纠都回国争位。管仲负责截杀小白,他一箭射中小白的衣带钩,小白趁势躺着装死。管仲以为小白已死,就派人通报鲁人,鲁国送公子纠的队伍就走得慢了,小白因此捷足先登,他就是齐桓公。

管仲相齐

齐桓公被拥立后,齐鲁两国战于乾时,鲁国战败。齐国截断了鲁国的归路,齐恒公给鲁庄公写信说:"公子纠是我兄弟,我不忍杀他,请您杀掉他。召忽、管仲是我的仇人,请您送回,我要把他们剁成肉酱解恨。"管仲最终免除一死,这得益于管仲的朋友鲍叔牙的举荐。他对齐桓公说:"如果您只想治理好齐国,有高傒和我就足够了。如果您想称霸天下,那就非任用管仲不可。管仲在哪里,哪里就强大,您不应该失去这个人才。"

有了管仲、鲍叔牙的辅佐,齐桓公修治齐国政事、军事,发展渔业、盐业等,积累财富,厚养贤能之人,齐国越来越兴盛。

身故国乱

齐桓公没有解决好继承人的问题,五位公子拉帮结派争夺太子之位,导致桓公去世后宫中无主,没有人敢收尸入棺。两个多月后公子无诡即位,才举行了入殓和出殡的丧礼。

田氏代齐

齐国的霸主地位被晋国取代,之后内乱迭起,逐渐衰亡。公元前 671 年,陈国公族内乱,陈公子完为避祸逃奔至齐国,后成为齐国田氏之祖。公元前 489 年,田乞自立为相,田氏掌握了齐国国政。公元前 386 年,田和自立为国君,同年周安王册命他为齐侯。公元前 379 年,齐康公死,田氏仍以"齐"为国号,史称"田齐"。

2. 文字的魂

因其俗,简其礼。(牛运震:写大手经济不同。)

君为社稷死则死之,为社稷亡则亡之。

杀子以适君,非人情,不可。……倍亲以适君,非人情,难近。……自宫以适君,非人情,难亲。(牛运震:句法若变若复,正古文疏处。)

3. 精神的根

齐太公世家位列第二,是因为姜太公为建立周王朝立下了汗马功劳。成王允许太公"五伯九侯,实得征之",以夹辅周室。齐国得以成就霸业,得益于地理环境、人民风俗和清平政治,有大国之风。齐至康公而终,之后的齐侯国,已不是吕氏之国,而是田氏之国。

鲁周公世家第三

【导读】 本篇主要写鲁国兴亡史。先写鲁国始祖周公,详写其事迹,褒扬其美德,充满赞颂之情;后写把持鲁国政权的三桓,对他们进行揭露和批判,感慨鲁国衰微。

1. 历史的纲

本篇记述了周公旦(武王弟弟)辅佐武王灭纣兴国,辅佐成王治理国家,屡建功勋而被分封至鲁,历三十四代传承的家族兴衰史。

周公辅成王

周公旦是周文王的第四个儿子,周武王的弟弟,被称为元圣和儒学的先驱。周公旦忠孝仁厚,辅佐武王、成王多有功勋,被封在古代东方帝王少昊的旧址曲阜。但周公没有前去曲阜受封,而是留下继续辅佐武王、成王,派自己的长子伯禽去往封

周公旦,摘自《历代名臣像解》

国。他告诫伯禽要礼贤下士、谦虚谨慎,并写下《诫伯禽书》,据说这是中国历史上第一篇家训。

"君子不施其亲,不使大臣怨乎不以。故旧无大故,则不弃也,无求备于一人。"

"君子力如牛,不与牛争力;走如马,不与马争走;智如士,不与士争智。"

三桓卑鲁

鲁桓公有四个儿子,太子同(庄公)、庆父、叔牙、季友。嫡长子同继任鲁国国君,庶长子庆父(其后代称孟氏、孟孙氏)、庶次子叔牙(后代称为叔孙氏)、嫡次子季友(其后代称季氏)都按照封建制度被鲁庄公封为客卿,三大家族的子孙世代担任鲁国的卿大夫,由于三家都出自鲁桓公之后,被称为"三桓"。鲁国末年,三桓强盛而公室微弱,"三桓胜,鲁如小侯,卑于三桓之家。"

孔子施政

自鲁宣公起,国政便掌握在以季氏为首的三桓手中。孔子曾经试图改变卿大于公的局面,但在三桓强大的实力面前无法成功,最终被赶出鲁国。

公仪休革新

鲁穆公元年(前415),鲁国实行改革,任命博士公仪休为鲁相,逐渐从三桓手中收回了政权。从此,国政开始奉法循理,重新确定了鲁国公室的权威。

内斗亡国

鲁国公室与三桓之间争斗不休,再加上三桓内部争权夺利,导致鲁国在内耗中日渐衰微,归于败亡。

鲁顷公二十四年(前249),楚考烈王灭鲁国,鲁国祭祀断绝。

2. 文字的魂

一沐三捉发,一饭三吐哺,起以待士,犹恐失天下之贤人。

夫政不简不易,民不有近;平易近民,民必归之。

令之不行,政之不立;行而不顺,民将弃上。

3. 精神的根

周公是贤明的开创者,也为后世留下了中国历史上第一篇家训《诫伯禽书》。鲁国是礼仪之邦,但是鲁国不断发生内讧,在家族传承上存在重大的问题。三桓三分公室,礼乐崩坏,可见传承教育和治理国家一样重要。

燕召公世家第四

【导读】 本篇主要写召公治理燕国、燕王哙乱燕和燕昭王中兴,突出反映了司马迁的德治思想。

1. 历史的纲

本篇讲述了周武王将召公封在燕地,其后燕国成为战国七雄之一,最终被秦国灭亡的历史。

召公之德

召公是周朝官名,始于召公姬奭(第一代召公)。周武王灭纣后,将召公封在北燕。周成王时,召公位居三公,自陕以西由召公负责管理,自陕以东由周公负责管理。

召公经常在乡镇巡行,在棠树下审理案件、处理政事。召公去世后,百姓怀念他的政绩,爱护棠树,舍不得砍伐,并作《甘

召公,摘自《历代名臣像解》

棠》一诗来歌颂他。

> 蔽芾甘棠,勿翦勿伐,召伯所茇。
> 蔽芾甘棠,勿翦勿败,召伯所憩。
> 蔽芾甘棠,勿翦勿拜,召伯所说。

这首诗里的棠树郁郁葱葱、十分可爱,人们爱护着召公曾经作为休憩之地的这棵甘棠,转而愈加敬爱仁民爱物的召公。全诗将景仰怀念之情寄托在甘棠上,末尾将召伯一点,运实于虚,使人对召公的高尚品质产生无限遐想。

苏秦拜燕

燕文公二十八年,苏秦拜见文公,提出合纵之计,文公派他出使赵国。于是苏秦游说其他五国参与合纵,与燕国结成抗秦联盟。

子之乱政

燕王哙在苏代、鹿毛寿的鼓动下废黜了太子姬平,禅位于国相子之,国家大乱。姬平与将军市被率兵攻打子之,子之杀死将军市被,姬平与庶弟姬职逃脱。齐宣王听说燕国大乱,便发兵攻燕,燕王哙自缢身亡,子之被杀。此时燕国内忧外患,几乎亡国。

昭王中兴

子之死后,燕人拥立太子姬平为王。昭王即位后广纳贤士,任用郭隗、乐毅等人。经过长期的休养生息,燕国逐渐进入鼎盛时期。昭王派遣乐毅率军联合三晋和秦楚军队攻齐,大破齐军,占领了齐国很多的城池。

荆轲刺秦王

秦将灭六国,祸患就要轮到燕国。此时,在秦国做人质的太子丹逃回燕国,他私自供养了二十多名壮士,派荆轲到秦国献督亢地图,趁机刺杀秦王。刺杀失败,秦王杀死了荆轲,派将军王翦攻打燕国。最终,秦军俘虏了燕王喜,灭掉了燕国。

易水送别,摘自《马骀画宝》

2. 文字的魂

召公奭可谓仁矣!甘棠且思之,况其人乎?(牛运震:赞语拈甘棠事,开端飘逸顿宕。回翔有法,风味深长。)

3. 精神的根

燕国外受蛮狄逼迫,内与齐、晋交错,在强者之间艰难生存,十分卑弱。燕国好几次近乎灭亡,但之所以能够延续八九百年,成为姬姓诸国中最后灭亡的国家,司马迁认为,这是召公积德累善、泽被子孙的缘故。

管蔡世家第五

【导读】 西周立国,把王室宗亲封为诸侯国,实行以血缘关系维系统治的宗法制度。武王死后,成王年幼即位,周公、召公辅政,管叔鲜、蔡叔度怀疑周公将不利于成王,便扶植商的后代武庚叛周。司马迁批评了管叔鲜、蔡叔度的分裂行为,也指出他们叛国的真实根源在于"疑周公不利于成王"。字里行间透露者司马迁尊重史实、不虚美、不隐恶的实录精神。

1. 历史的纲

本篇讲述了周文王三子管叔鲜、五子蔡叔度及六子曹叔振铎三个诸侯国的历史,对周武王兄弟蔡叔度、伯邑考、曹叔振铎、成叔武、霍叔处、管叔鲜、康叔封、冉季载等世系做了明确的交代。从有利于记录历史的角度来看,把武王十兄弟中史实不多、影响力不大的人物放在一起,保证了历史的完整性。全文体现了司马迁在结构设计上的匠心,以介绍十兄弟起,以管蔡之乱承,分述十兄弟下落,全篇脉络清晰。

管蔡之乱

武王灭殷纣,建立周王朝,分封功臣和众兄弟,将三弟管叔鲜封到管,将五弟蔡叔度封到蔡,任命二人做纣的儿子武庚禄父的相,帮助治理殷族遗民。

武王去世后,周公、召公协助年幼的成王治理国家。管叔鲜、蔡叔度怀疑周公别有用心,于是挟持武庚作乱。周公旦奉成王之命诛杀了武庚,又杀死管叔、流放蔡叔,将殷的遗民分为两部分:宋地分封给微子启以续殷人殷祀;卫地则命康叔做卫国国君,即卫康叔。

蔡国兴亡

蔡叔度跟随武庚反叛,被周公流放后死去,周公封其子蔡仲(名胡)于蔡,重建蔡国。蔡国经常受到楚国的侵扰,被楚国所灭。三年后蔡平侯复国,迁都新蔡。蔡国曾随吴国伐楚,之后又受到楚国的逼迫,蔡昭侯时在吴国的帮助下迁都州来,称为下蔡。最终,蔡国再次被楚国所灭。

曹国兴亡

武王将六弟曹叔振铎封于曹。晋楚争霸,曹国成为受害者之一。晋公子重耳落难之时经过曹国,曹共公无礼对待。晋文公即位后讨伐曹国,曹共公被俘。城濮之战楚国失败,曹国亲附于晋国。曹悼公被宋国囚禁至死,曹国内乱,曹伯阳继位。伯阳背晋侵宋,曹宋交恶,最终被宋国所灭。

第三章 读《史记》

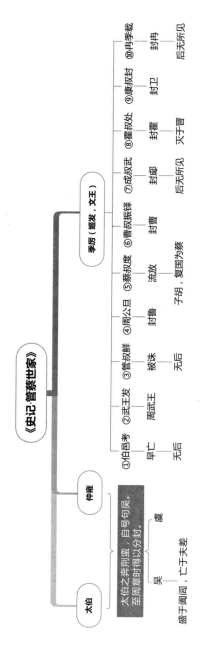

2. 文字的魂

余寻曹共公之不用僖负羁,乃乘轩者三百人,知唯德之不建。(牛运震:赞语古拗劲折,非太史公不能作。)

3. 精神的根

周建国八百余载,姬氏除召公外,太王古公亶父以下受封成为诸侯者不在少数,但各诸侯国在争霸争雄期间都没有建树。同姓诸侯弱小,不能辅佐周王室强大,且同姓诸侯间离心离德,正是异姓诸侯藐视周王室的原因。

陈杞世家第六

【导读】 本篇写周初分封的两个小国陈国和杞国的历史,写陈国详细,写杞国较为简略。司马迁认为陈国是舜的后代,杞国是大禹的后代,体现了重德思想。

1. 历史的纲

本篇讲述了舜、禹后代的封国陈国和杞国的兴亡史。

帝舜之后

周武王推翻殷纣王统治后寻找舜的后代,找到妫满并把他封在陈地,来供奉帝舜的祭祀,妫满就成为陈国的始祖。

周太史预言

陈厉公时,他的儿子陈完(敬仲)出生,周太史占卜告诉厉公,陈完的后代有可能在姜姓国家做君主的上宾,也有可能取代国君成为新君主。后来,陈完为避宣公太子御寇之祸逃出陈国,投奔齐国。

陈完之齐

陈完到了齐国后,桓公任命他为工正。陈灵公在位期间荒淫无道,陈国又多次被楚国侵略,国势日趋衰败。楚惠王复位后,率军北伐,杀死陈潜公,灭了陈国,占有了陈国的土地。而陈完的后代在齐国逐渐掌握政权,之后建立了田齐。

大禹之后　杞地奉祀

武王灭殷后寻找禹的后代,找到了东楼公,把他封在杞地,供奉夏禹祭祀。楚惠王四十四年(前455),楚国灭亡杞国。杞国比陈国晚三十四年亡国,其后禹的后代越王勾践的势力又兴盛起来了。

2. 文字的魂

凤皇于飞,和鸣锵锵。有妫之后,将育于姜。五世其昌,并于正卿。八世之后,莫之与京。
百世不绝,苗裔兹兹。(牛运震:句法古意可掬。)

3. 精神的根

本篇以陈、杞为重点,对唐虞时期名门望族后裔的分封情况做了全面的交代。司马迁特作此篇,旨在称述舜禹的功德以及上古时代灭其国而存其祀的礼制。陈灭而有陈氏代齐,杞灭而有越王勾践,远古贤君有德于人民,泽被后代。

卫康叔世家第七

【导读】 卫是周初姬姓封国,是周武王弟弟卫康叔的封国,本篇写卫国的兴衰史,主要写卫国国君的荒淫无道和卫国内乱。司马迁对他们进行了无情的批判。

1. 历史的纲

本篇记述了周武王弟弟卫康叔的封国卫国从建立到灭亡的历史。

康叔封卫

卫的始祖是卫康叔,周武王的同母小弟。管蔡之乱后,成王将武庚禄父统治的一部分殷商遗民封给了康叔,让他做卫君,住在商的故地殷墟(黄河、淇水之间)。

州吁乱政

州吁是卫庄公之子,年少时受父亲宠爱,爱好军事。卫桓公继位后,州吁骄横奢侈,被桓公罢免职务,于是出国逃亡。之后,州吁弑杀桓公自立。因为州吁弑君篡位,又喜欢打仗,不受卫人拥护。卫国大臣石碏联合陈桓公杀死州吁,拥立卫桓公之弟公子晋继位，是为卫宣公。

宣公杀儿

卫宣公看到将要成为太子妃的女子十分貌美，就自己娶了她，为太子另娶。后来，宣公想废掉太子伋，之后又听信谗言想杀掉他，便让太子伋出使齐国，派刺客埋伏在边界。太子伋出发时，他的异母兄弟子寿知道宣公要杀他，但没能成功劝阻他，自己拿着白旄先去了国界，于是被杀。子寿死后，太子伋又赶到，对刺客说："应当杀死的是我呀！"于是刺客又杀死太子伋，回报了宣公。

父子争国

卫灵公的太子蒯聩讨厌灵公夫人南子的作风品行，计划谋刺南子，事败后被灵公驱逐，逃往晋国。灵公死时将君位交给蒯聩的儿子辄，是为卫出公。出公在位十二年后，卫国执政大夫孔悝的母亲伯姬谋立弟弟蒯聩为卫君，胁迫孔悝杀掉出公，出公闻讯逃至齐国。出公的父亲蒯聩即位，是为卫后庄公。两年后晋国伐卫，卫人逐走庄公，庄公被戎人所杀，之后逃亡的出公复国为君。

秦国灭卫

魏国囚杀卫怀君，继任卫君是魏国的女婿，因此卫国成了魏国的附庸国。之后秦攻魏，把卫国原有的濮阳一带归入东郡，卫元君被迫迁往野王县，卫国此时已名存实亡。公元前209年，卫君角被秦二世废为庶人，卫国彻底灭亡，成为周诸侯国中最后一个被秦灭亡的国家。

2. 文字的魂

利其禄,必救其患。
君子死,冠不免。

3. 精神的根

宣公因为女人要杀太子伋,太子伋与弟弟寿争死相让,这与晋太子申生不敢挑明骊姬的罪过相同,都是怕伤了父亲的心。但他们最终都死去了,这是多么可悲啊!孝也有层次,盲目的忠孝意识会置人于愚昧混沌之中。"夫孝,始于事亲,中于事君,终于立身。"通过卫国的"让"与"争"可以看出,孝不是最大的纲常,道义才是。

宋微子世家第八

【导读】 商朝末年,商纣王荒淫无道,庶兄微子启、箕子和比干劝谏不断,微子出逃,箕子佯狂为奴,比干多次进谏被剖腹而死,孔子称"殷有三仁"。周武王灭殷后,恢复了微子的爵位。管蔡之乱后,周公命微子代替纣王之子武庚延续殷朝的祭祀,封微子为宋国国君。

1. 历史的纲

本篇记述了殷纣王兄微子被周武王封为宋国国君,直到宋君偃亡国的历史,对宋襄公描写颇多,反映了司马迁对仁德礼让的追求与向往。

微子立宋

微子是殷帝乙的长子,纣王的庶兄,是宋的始祖。纣王即位后昏庸无道,微子多次进谏,纣王不听,于是微子出国逃亡。

微子,摘自《历代名臣像解》

周武王灭殷后，微子去衣露臂，缚手于背，跪着前行，希望武王宽恕他。于是武王释放了微子，恢复了他原来的爵位。

管蔡之乱后，周公命微子代替武庚延续殷朝的祭祀，封微子为宋国国君。

箕子，摘自《历代名臣像解》

比干，摘自《历代名臣像解》

襄公争霸

宋襄公想取代齐国的盟主地位，于是决定拉拢大国，再借大国的声威去压服小国。宋襄公拉拢楚国失败，又决定讨伐楚国的盟友郑国，郑国向楚国求救。对战时，公子目夷劝宋襄公趁楚军未过河击杀他们，但宋襄公却讲仁义，要等楚军渡河结束再战。楚军上岸后忙着排队摆阵，公子目夷劝宋襄公趁乱击杀楚军，宋襄公又执意要等楚军摆好阵势再战。最终，楚军将宋军冲杀得纷纷溃逃，宋襄公艰难脱身。宋襄公没有当成霸主，反而病势加重，过了一年就病逝了。

三国灭宋

宋君偃骄横狂妄、刚愎自用，群臣中但凡有人劝谏他，就会被射死，于是诸侯叫他"桀宋"，并要求齐国讨伐宋国。宋君偃即位四十七年后，齐湣王与魏国、楚国讨伐宋国，杀死了宋君偃，灭了宋国。

2. 文字的魂

父子有骨肉，而臣主以义属。

欲哭则不可，欲泣为其近妇人。（牛运震：二语写得委婉入情。）

可移于相。相，吾之股肱。可移于民。君者待民。可移于岁。岁饥民困，吾谁为君。

天高听卑。君有君人之言三，荧或宜有动。

微子去之，箕子为之奴，比干谏而死。

3. 精神的根

箕子答周武王的言论、宋湣公因洪灾自责、宋景公爱民使"荧惑"移动，这都体现出传统的天人感应思想。在君主有无上权力的专制时代，这种思想能够约束君主，引导君主积善成德、施行仁政，监督君主检查过失、改正错误。

晋世家第九

【导读】 本篇是《史记》中司马迁写得最长的文字，主要记载晋国兴衰，包括晋国对外的外交、兼并、争霸和内部的矛盾斗争。

1. 历史的纲

本篇主要讲述了周成王的弟弟唐叔虞被封为诸侯，改国号为晋，最终韩、赵、魏三家分晋，晋祀断绝的历史。

桐叶封弟

晋国的始祖唐叔虞是周武王的儿子，周成王的弟弟。周成王曾将桐叶削成珪的形状送给叔虞，开玩笑说："用这个分封你。"史佚因此要求选择吉日封叔虞为诸侯，周成王辩解说是开玩笑，史佚就说："天子无戏言，言则史成书，礼成之，乐歌之。"于是成王就把叔虞封到了唐国，世称唐叔虞。叔虞去世后，儿子燮继位，鉴于帝尧故居以南有晋水，便改国号为晋，故后世称山西为晋。

曲沃代翼

晋穆侯与齐女姜氏有两个孩子,太子仇和小儿子成师。太子仇继任,称为晋文侯。昭侯元年,成师被封到曲沃,号称桓叔。曲沃的面积比晋国都城翼更大,而且桓叔乐善好施,当时就有人说:"晋国的动乱会源于曲沃。臣大于君并且深得民心,不乱还等什么!"后来,桓叔的孙子曲沃武公灭了晋侯缗,改号为晋武公。

骊姬之乱

晋武公之子晋献公有八个儿子,太子申生和公子重耳、夷吾都有贤能。献公攻打骊戎的时候得到了骊姬,骊姬生下奚齐,献公就有了废太子的想法。骊姬对太子申生说:"国君昨晚梦见了你的母亲齐姜,你快去曲沃祭奠她,回来把祭肉献给国君。"申生回宫后把祭肉留下,骊姬就在祭肉里放了毒药,当着献公的面让狗试吃,狗食肉后被毒死。随后,骊姬就逼着太子申生自杀。重耳、夷吾也被骊姬诬陷,说他们知道投毒之事。于是二人逃到蒲邑、屈邑,寻求自保。后来在献公的逼迫下,重耳逃奔翟国,夷吾逃到梁国。

夷吾之路(晋惠公)

晋献公死后,奚齐即位,荀息成为国相。大臣里克杀死了奚齐和后来即位的奚齐弟弟悼子,荀息也自杀了。里克等人想到翟国迎接公子重耳,立他为君,重耳怕有风险,推辞了。里克便派人到梁国去迎接夷吾,夷吾也怕有风险,就捎信给秦穆公,希望秦穆公帮助他回国即位,他愿意把晋国河西土地割给秦国,并向里克承诺把汾阳城封给他。于是,秦穆公发兵护送夷吾回国即位,世称晋惠公。晋惠公并没有兑现对秦穆公和里克的承诺,并逼里克自杀。

韩原大战

晋国发生饥荒,向秦国购买粮食,秦穆公听从百里奚的建议,将粮食送给了晋国。次年,秦国发生饥荒,向晋国求购粮食,晋惠公非但不给秦国粮食,反而攻打秦国。秦穆公大怒,亲自率兵攻打晋国,两军在韩原交战。最终晋军大败,晋惠公被俘,他的姐姐秦穆公夫人为他求情,晋惠公被释放。

重耳即位(晋文公)

晋惠公去世后,太子圉即位,即晋怀公。秦穆公怨恨圉,就发兵护送重耳回国,并杀死怀公。重耳在外流亡十九年才回国,即位时六十二岁,世称晋文公。

赵氏孤儿

晋灵公生活奢侈、欺压百姓。厨师煮熊掌没有煮熟,灵公就发怒杀死了他。因惧怕赵盾劝谏,灵公派杀手刺杀赵盾。杀手仰慕赵盾的品行,感叹道:"杀死忠臣和违反国君的命令是一样的",于是自杀。

赵盾在首山打猎时曾救过饥饿的示眯明,示眯明后来做了晋国的厨师。晋灵公请赵盾饮酒,埋伏士兵想暗杀赵盾,示眯明暗中救了赵盾。于是赵盾出逃,但没有逃出晋国国境。

之后,赵盾的族弟将军赵穿杀死灵公,接回了赵盾。

晋景公时,司寇屠岸贾诛杀了赵同、赵括,灭掉了他们的宗族。韩厥不忘赵衰、赵盾的功德,不忍断绝他们的祭祀,于是景公就让赵氏庶子赵武作为赵氏的后代,重新封给他城池。

赵盾,摘自《清刻历代画像传》

三家分晋

晋哀公时,晋国的政令完全由知伯裁决。后来,赵襄子、韩康子、魏桓子联合杀死了知伯,吞并了他的土地。晋幽公时,反而要朝拜韩、赵、魏的君主,晋君只占有绛、曲沃,其余土地都归三晋所有。周威烈王时,赵、韩、魏被册封为诸侯。晋静公时,魏武侯、韩哀侯、赵敬侯三家灭晋,三分晋国土地,静公被贬为普通人,晋祀从此断绝。

2. 文字的魂

白圭之玷,犹可磨也,斯言之玷,不可为也!

币厚言甘。

虞之与虢,唇之与齿,唇亡则齿寒。

救灾恤邻,国之道也。

退避三舍。

导我以仁义,防我以德惠,此受上赏。辅我以行,卒以成立,此受次赏。矢石之难,汗马之劳,此复受次赏。

奈何以一时之利而加万世功乎?

3. 精神的根

封建时期的世袭制是血缘关系的传承,很难保证每一代君主都有勇、有谋、有德,所以晋国会出现晋文公重耳这样的贤君,也会出现大量的昏君。

尧舜时期的禅让制体现了"任人唯贤"的思想,现代的民主制也能够和平、民主地选贤举能,这都有利于国家的健康发展。

楚世家第十

【导读】 本篇写楚国兴衰,时间跨度很大,起于高阳氏颛顼,迄于战国末年,从正反两方面落笔,突出德政的重要性。

1. 历史的纲

本篇记载了颛顼的后代熊绎被封至楚国,到楚庄王称霸中原,最终被秦国所灭的历史。

熊绎子爵

楚的先祖出自颛顼一族。周成王时选用文王、武王功臣的后代,于是把熊绎封到楚蛮,给他子男爵位的土地,姓芈氏,住在丹阳。楚子熊绎、鲁公伯禽、卫康叔子牟、晋侯燮、齐太公子吕伋都是成王的臣子。

一鸣惊人(楚庄王)

楚庄王即位后三年不发政令,日夜寻欢作乐,也不许大臣百姓进谏。于是伍举向楚庄王说了个谜语:"高坡上面有只鸟,三年不飞也不叫,这是什么鸟呢?"楚庄王说:"三年不飞,飞起来就直冲云天;三年不叫,叫起来就震惊人间。"从此楚庄王停止淫乐,听事理政,一度称霸中原。

筚路蓝缕(楚灵王)

楚灵王想派使者向周朝求鼎,作为分封的宝器,于是询问析父。析父说:"过去我们的先王熊绎被封在偏僻的荆山,乘坐简陋的车子,身穿破衣烂衫,居住在荒蛮之地,跋山涉水侍奉天子,只能用桃木弓、棘刺箭进贡王室。"析父感慨楚先王熊绎创业艰苦,肯定了楚灵王求鼎的想法。

伍子胥复仇(楚平王)

楚平王时,伍奢是太傅,费无忌是少傅。费无忌想离间楚平王父子,于是建议楚平王娶了为太子建选定的女子,又经常向楚平王说太子建的坏话,说他心怀怨恨,想要取代平王。楚平王听信谗言,下令逮捕太子建、太傅伍奢和他的两个儿子伍尚、伍子胥。太子建事先得到消息,逃到宋国,伍尚被杀,伍子胥最后逃到吴国。

楚昭王十年(前506),吴王阖闾、伍子胥、伯嚭与唐国、蔡国一起讨伐楚国。吴军进入郢都,伍子胥掘墓鞭打楚平王的尸体,终于为父报仇。

怀王囚秦(楚怀王)

楚怀王十一年(前318),苏秦与山东六国合纵攻秦,楚怀王为合纵国首领。怀王听信了张仪的计策与齐绝交,后被秦打败,又听从张仪建议,背叛合纵之约与秦和亲。屈原从齐国出使回来，建议杀了张仪，但张仪早就逃跑了。

之后，楚怀王被秦昭王诱骗到武关结盟。楚怀王到达武关后，秦昭王关闭武关，挟持楚怀王到咸阳，要求楚割让巫、黔中二郡。楚王想先结盟，没有答应秦国的要求，而秦国想先得到地，就扣留了楚怀王。楚顷襄王三年（前296），怀王死在了秦国。

楚被秦灭

楚王负刍四年，秦将王翦在蕲地打败楚军，将军项燕自杀。五年，秦将王翦、蒙武攻破楚国都城，俘获了楚王负刍，楚国灭亡。

2. 文字的魂

三年不蜚，蜚将冲天；三年不鸣，鸣将惊人。
从善如流，施惠不倦。
将相，孤之股肱也，今移祸，庸去是身乎！
以圣人为弓，以勇士为缴，时张而射之。
军不五不攻，城不十不围。
操行之不得，悲夫！势之于人也，可不慎与？（牛运震：重叠顿跌有神。）

3. 精神的根

楚作为颛顼之后被封在南蛮之地，起初虽少天子教化，却不受成俗束缚，在与其他诸侯国的交往中筚路蓝缕、取长补短。后来楚庄王一鸣惊人，终成霸业。

楚灵王在申地聚会诸侯、诛杀庆封，建筑章华台，向周求九鼎的时候是多么志得意满、藐视天下，但当他饿死在申亥家时，却被天下人耻笑。楚庄王先淫逸后励志，灵王、怀王却正相反，即位之初都有一番作为，而后昏聩，结局悲惨，两相对照，可以引出深刻的历史教训。

越王勾践世家第十一

【导读】 本篇为越国兴衰史,重点写越王勾践卧薪尝胆二十年,重用贤臣、报仇雪耻、兴国灭吴的故事,最后附有范蠡小传。

1. 历史的纲

本篇主要记述了夏禹的后代越王勾践与吴国结仇,卧薪尝胆终于灭掉吴国、称霸中原的故事。

无余建国

越王勾践的先祖是夏禹的后代、夏朝帝王少康的庶子无余。少康将无余封在会稽,让他在那里供奉夏禹的祭祀。二十多代后传至允常,便开始与吴王阖闾结下仇怨,相互攻伐。

卧薪尝胆

勾践元年(前496),吴王阖闾得知允常去世,就趁机兴兵伐越,结果被勾践打败。阖闾被射伤,临死前对儿子夫差说:"不要忘记向越国报仇。"过了三年,勾践得知吴王夫差日夜练兵准备复仇,就主动进攻,结果大败,被围困在会稽山上。之后,越国大夫文种向吴国求和,收买了吴国太宰伯嚭,于是吴王撤回了会稽山的军队。

回国后,勾践把治理百姓的事交给文种,把练兵的事交给范蠡,自己则把一个苦胆吊在座席旁,吃饭喝水时都要尝它的味道,借此提醒自己会稽山之耻。他亲自耕田,夫人亲自纺纱织布,礼贤下士,抚恤百姓。

反观吴王夫差,他野心极大,好战又傲慢,逼得伍子胥自杀。之后,越国出兵伐吴,吴国军队大败,吴王夫差逃上了姑苏山。夫差想求和,却被范蠡拒绝,于是自杀。夫差死前用衣服遮住自己的脸说:"我没有颜面去见伍子胥了!"

勾践平定吴国后北渡黄河,在徐州与齐、晋诸侯会合,向周王室进献贡品。周元王封勾践为方伯,勾践成为一时的霸主。

富甲一方

范蠡看出越王勾践只可共患难,不可共享福,就远走齐国。范蠡从齐国给大夫文种写信道:"飞鸟尽,良弓藏;狡兔死,走狗烹。"后来文种果然被勾践逼得自杀而亡。之后范蠡离开齐国,漂浮江海之上,化名为"鸱夷子皮",在海边耕作生产,积累了大量财富。在此期间,范蠡三次成为巨富,又三散家财,后定居于宋国陶丘,自号"陶朱公"。世人称赞范蠡"忠以为国,智以保身;商以致富,成名天下。"后世很多生意人把范蠡尊为财神。

2. 文字的魂

兵者凶器也，战者逆德也，争者事之末也。

持满者与天，定倾者与人，节事者以地。

汤系夏台，文王囚羑里，晋重耳奔翟，齐小白奔莒，其卒王霸。由是观之，何遽不为福乎？

卧薪尝胆。

食不加肉，衣不重采，折节下贤人，厚遇宾客，振贫吊死，与百姓同其劳。

蜚鸟尽，良弓藏；狡兔死，走狗烹。可与共患难，不可与共乐。

君行令，臣行意。（牛运震：只六字，简冷之极。）

居家则致千金，居官则至卿相，此布衣之极也。

千金之子不死于市。

3. 精神的根

夏禹有定九州之功，他的后裔勾践辛苦劳作，深谋远虑，称霸一时，其贤能有禹的遗风。吴王夫差傲慢自大，越王勾践卧薪尝胆，最终灭亡吴国。"前事不忘，后事之师，"这是吴越争霸留下的历史教训。

郑世家第十二

【导读】 本篇写郑国历史,主要写郑桓公建国、郑庄公称霸、昭公与厉公争国、子产执政等几件大事,揭示了郑国兴衰的原因。

1. 历史的纲

本篇通过对郑国发展历史的记述,对周厉王少子(宣王的庶弟)姬友(郑桓公友)一族的兴替做了详细交代。

桓公建国

因周幽王荒废朝政,作为司徒的姬友担心王室即将遭难,于是把他的族人迁到洛水东部,建立了郑国。当时,郑国是处于河、济之间的小国,晋、齐、吴、楚等大国四面环伺,处境十分艰难。

郑伯克段

郑庄公出生时难产,他的母亲武姜受到了惊吓,于是厌恶庄公,喜爱次子共叔段。庄公即位后审时度势,故意纵容共叔段和武姜。共叔段在母亲的暗中支持下逐步扩张势力,庄公则心怀杀机，静观其变，在共叔段造反时名正言顺地讨伐他。于是共叔段逃奔到共，姜氏则被放逐在城颍。后来庄公后悔，在颍考叔的规劝下，母子重归于好。

韩国灭郑

经过几次君位之争，郑国逐渐衰败，而周边列国纷纷强盛。郑国在大国的夹缝中艰难生存，时而依附晋国，时而又背晋亲楚。自郑襄公开始，郑国七大家族轮流执政，当时只有子产采取灵活的外交策略，郑国国力才稍有恢复。韩国与郑国毗邻，两国之间经常发生战争。郑君乙二十一年（前375），韩哀侯一举吞并了郑国。

2. 精神的根

"以权利合者，权利尽而交疏。"郑国君臣之间尔虞我诈，所以导致内乱频发、国家衰亡。在七雄争霸侵伐之中，大国尚且挣扎不定，小国处于弱势，更难有选择的余地。所以说，发展综合实力，提高自身竞争优势是永恒的主题。

赵世家第十三

【导读】 本篇写春秋战国时期赵国的历史,详细而生动。篇中主要写了赵盾、赵简子、赵襄子和赵武灵王,尤以后两者着墨最多,表现了司马迁的"好奇"。

1. 历史的纲

本篇主要讲述了"战国七雄"之一的赵国数百年的兴亡史,其中重点记述了赵氏孤儿和赵武灵王胡服骑射的故事。

秦赵同源

赵氏和秦国有共同的祖先,其后代蜚廉有两个儿子,一个叫恶来,为纣王做事,被周人所杀,恶来的后代是秦人的祖先。恶来的弟弟叫季胜,他的后代是赵人的祖先。

造父相马

季胜的后代造父善于相马、驯马,他物色了八匹马送给周穆王,穆王就让造父当御者替他赶车。周穆王把赵城赏赐给造父,从此造父的家族开始姓赵。

叔带赴晋

周幽王荒淫无道,造父的后裔叔带离开周去了晋国,在晋文侯手下做事,赵氏开始在晋国发展起来。

连襟重耳(赵衰)

赵衰跟随晋公子重耳逃亡到翟,避骊姬之祸。翟君得到两个女子,把年少者嫁给重耳,把年长者嫁给赵衰,生了赵盾,于是赵衰与重耳成为连襟。

赵氏孤儿

晋景公年间,屠岸贾以惩治弑杀灵公的逆贼为由难为赵盾,并诛杀赵盾的儿子赵朔全家,在韩厥、公孙杵臼、程婴等人的帮助下,遗腹子赵武获救。赵武成人后击杀屠岸贾,灭了他的宗族。

三家分晋(赵襄子)

赵武之孙赵鞅(简子)位列晋国六卿,权势很大,其子赵毋恤(襄子)联合韩、魏灭范、中行以及智伯,其后三家独大。赵毋恤因为哥哥伯鲁没有当成太子,一定要将爵位传给伯鲁的儿子代成君。又因为代成君已经去世,便把代成君的儿子浣立为太子。赵浣的儿子赵籍即位后,赵、韩、魏相继自立为诸侯,并得到了周天子的册封,之后三家分晋。

胡服骑射

赵武灵王即位时,赵国正处在国势衰落的时期,为了富国强兵,赵武灵王在邯郸城提出"着胡服""习骑射"的主张,决心取胡人之长补中原之短。但是赵武灵王没有处理好立太子的事情,导致赵国内乱,后被饿死在沙丘宫。

纸上谈兵

赵括在长平之战中接替廉颇为将,他不顾实际情况,只知道按照兵法上说的去做,导致四十万大军被秦军活埋。

秦灭赵国

悼襄王废掉长子赵嘉而立幽缪王赵迁为太子。赵迁品行低下,听信谗言杀掉了赵国优秀的将领李牧,自己也被秦军所俘。之后,赵国逃亡的大夫们又在代郡拥立赵嘉为王。六年后,秦军攻破代王赵嘉,赵国灭亡。

2. 文字的魂

千羊之皮,不如一狐之腋。

有高世之功者,负遗俗之累;有独智之虑者,任骜民之怨。

疑事无功,疑行无名。

至德者不和于俗,成大功者不谋于众。

愚者暗成事,智者睹未形。

制国有常,利民为本;从政有经,令行为上。明德先论于贱,而行政先信于贵。

以书御者不尽马之情,以古制今者不达事之变。循法之功,不足以高世;法古之学,不足以制今。

小人有欲,轻虑浅谋,徒见其利而不顾其害。(牛运震:语极透切,写乱世倾险小人得情。)

仁者爱万物而智者备祸于未形。

毋变而度,毋异而虑,坚守一心,以殁而世。

圣人甚祸无故之利。

3. 精神的根

处在春秋战国时期的赵国对中国历史产生了重大影响:一是赵衰辅佐重耳,促成了晋文公之霸;二是与韩、魏三家分晋,开战国公卿列诸侯之先河;三是由侯而王,在战国争雄的历史中地位显要。赵武灵王胡服骑射,不仅是民俗文化的革新,更是思想上的革新进步。纵观赵国历史,拥有文韬武略且忠心的人才是支撑赵氏不断发展的根本,而后期人才匮乏则是赵氏走向衰落的原因之一。

魏世家第十四

【导读】 本篇写战国时期魏国的兴衰,始于春秋时期魏氏家族在晋国内部发展壮大,继而与韩、赵瓜分晋国,重点写魏绛、魏文侯、魏惠王和魏安釐王等人。

1. 历史的纲

本篇主要讲述了"战国七雄"之一魏国的世系及兴衰。

位列诸侯

晋献公时期,赵夙和毕万协助晋献公灭掉了霍、耿、魏三个小国,献公将魏赐给毕万,将耿赐给赵夙,二人都成了大夫。

献公二十一年(前656),毕万的儿子魏武子跟随重耳出国流亡,十九年后才回到晋国。魏武子被晋文公重耳封为大夫,继承先人的封爵,都城设在魏邑。

传至魏桓子时,魏桓子与韩康子、赵襄子共同诛灭了知伯。魏文侯二十二年(前403),魏国与赵国、韩国的诸侯地位获得周王室的认可。

文侯中兴

魏桓子的孙子是魏文侯魏斯。魏文侯在位时，魏、韩、赵三家同时被周天子封为诸侯，魏文侯尊卜子夏、田子方、段干木为国师。魏文侯礼贤下士，使国中上下和睦、团结一心，在诸侯中享有很高的声誉。

围魏救赵

魏惠王时，魏国发兵攻赵，赵国向齐国求救。齐威王采用孙膑的计谋，不去赵国都城邯郸参战，而是趁着魏军全力攻赵，攻打兵力空虚的魏国都城。魏军不得不从邯郸撤军，途经桂陵要隘时又遭到齐兵截击，魏军大败，这就是历史上著名的"围魏救赵"。

窃符救赵

魏安釐王二十年（前257），秦军包围了赵国的都城邯郸。信陵君魏无忌假传魏王之命，夺取了魏国将军晋鄙的军权，率领魏军救赵，之后留在了赵国。十年后，无忌回到魏国，率领五国联军攻秦，在河外大破秦军。

水淹大梁

魏王假三年（前225），秦军引水灌入魏都大梁，魏王假被掳，魏国灭亡，魏地都变成了秦国的郡县。

2. 文字的魂

家贫则思良妻,国乱则思良相。

居视其所亲,富视其所与,达视其所举,穷视其所不为,贫视其所不取,五者足以定之矣。

夫君欲利则大夫欲利,大夫欲利则庶人欲利,上下争利,国则危矣。为人君,仁义而已矣,何以利为!

以地事秦,譬犹抱薪救火,薪不尽,火不灭。

秦与戎翟同俗,有虎狼之心,贪戾好利无信,不识礼义德行。

3. 精神的根

有人说魏国的灭亡是因为不重用信陵君,但司马迁却在文末说"天方令秦平海内",认为魏国灭亡、秦国统一既是天意,也符合历史发展的趋势。魏国力不敌秦国,即使有伊尹那样的圣贤辅助也无济于事。

韩世家第十五

【导读】 本篇写韩国兴衰史，因战国混乱，韩国羸弱，征伐事少，故司马迁语多简略，且有些微错讹之处，如写苏代之言，前后矛盾，不可不知。

1. 历史的纲

本篇主要讲述了"战国七雄"之一韩国的世系及兴衰。

韩姓之初

韩的先祖姓姬氏，他的后裔在晋国做官，被封在韩原，称为韩武子。武子第四代孙韩厥随其封邑姓韩，是韩姓的始祖。

晋景公三年（前597），司寇屠岸贾作乱，以灵公被弑为借口，要诛杀赵盾全家。韩厥劝阻屠岸贾，屠岸贾不听，杀了赵盾的儿子赵朔。于是韩厥和程婴、公孙杵臼设法藏起了遗孤赵武。十五年后，景公得了大病，占卜的结果是赵先祖大业之后人的鬼魂有不顺遂的在作祟。韩厥向景公讲述了赵氏先祖对晋国的贡献，想以此感动景公。景公知道了赵武的存在，重新恢复了赵氏家族的爵位与领地，命令赵武延续赵氏祭祀。

列士封侯

韩康子与赵襄子、魏桓子联合打败了晋国权臣知伯，瓜分了知伯的领土。韩景侯六年（前403），景侯韩虔与赵烈侯、魏文侯同时被周天子策命为诸侯。

亡国之路

韩王安五年（前234），秦攻韩，韩国派韩非出使秦国，秦国扣留了韩非，韩非被李斯所杀。韩王安九年（前230），秦军俘虏了韩王安，把韩国的土地全部并入秦国，在其地设置颍川郡，韩国从此灭亡。

2. 文字的魂

时绌举赢。

以实伐我者秦也，以虚名救我者楚也。

3. 精神的根

韩厥感化景公，使孤儿赵武重新获得爵位，也成就了程婴、公孙杵臼的美名，这是一件积德的好事。之后韩、赵、魏三家分晋，韩成为诸侯之一。

韩国处于秦、楚、魏、齐诸强环伺之地，生存不易。秦要灭六国，韩又是通衢之所，所以秦国选择先灭掉较为弱小的韩国。秦国的大目标是统一中国，灭韩是大目标之下的小目标。

田敬仲完世家第十六

【导读】 本篇写陈国贵族陈完(其后改姓田)因在本国难以立足而逃到齐国,其后人通过阴谋篡夺王位而建立田氏齐国,之后至齐威王、齐宣王而强盛,至齐湣王后而衰落的历史。

1. 历史的纲

本篇记述了田氏先祖田完避祸至齐,后来他的后裔田和取代姜齐成为齐国新主,终被秦国所灭的历史。

陈完奔齐

田完又称陈完,字敬仲,是田齐的缔造者。陈完是陈厉公的儿子,逃亡到齐国避难,改姓田。齐桓公想让陈完做齐国的上卿,陈完推辞道:"我一个流亡之人,不做苦工就是您的恩惠了,实在不敢窃居高位。"于是齐桓公就让他当了一个管理工匠的官。

巧收民心

田氏几代人辅佐齐国国君,受到齐国尊重。传到田釐子乞时，作为大夫的田乞用小斗收进百姓的赋税，用大斗放出借给百姓的粮食。田氏在齐国越来越得人心，田氏家族也越来越兴旺。

田乞与齐景公的儿子阳生关系亲密，因不满晏孺子继位，于是迎立公子阳生为君，也就是齐悼公，随后杀掉了晏孺子。田乞自此成为国相，独掌齐国大权。

田和代齐

田乞第四代孙田和（田太公）当了齐康公的宰相，齐康公十分昏庸无能，只知道吃喝玩乐，从不过问政事，田和就把他发配到海边，自己继续奉祀姜齐的祖先。

田和与魏文侯在浊泽会晤，请求周天子和各国承认自己为诸侯。齐康公十九年（前386），周天子封田和为诸侯，列在周朝正室之中，齐由姜氏改为田氏。

称号东帝

田齐的君主齐威王、齐宣王、齐湣王在位时，齐国强盛了起来。齐湣王与秦争霸，发动垂沙之战，大败楚国，又在函谷关之战中大败秦国，吞并富有的宋国，自称"东帝"。齐国在南方占据了楚国淮水以北的土地，在西边侵入了三晋，还打算吞并周室，自立为天子。

乐毅破齐

公元前284年，燕将乐毅带领五国联军打败齐军，齐湣王出逃至莒，后被以救齐为名的楚国将领淖齿所杀。淖齿和燕国瓜分了齐国的土地和财宝。

亡国之路

齐王田建四十四年（前221），秦军攻打齐国，齐王不加抵抗就投降了。秦国把齐王田建安置到了共县，齐国从此灭亡，成了秦国的郡县。至此，天下已完全被秦国所吞并。齐国的百姓编了一首歌谣："松耶柏耶？住建共者客耶？"怨恨齐王不能及早与其他诸侯合纵抗秦，而是听信奸臣后胜及其宾客的花言巧语，导致国家灭亡。

2. 文字的魂

德施人之所欲，君其行之；刑罚人之所恶，臣请行之。

夫大弦浊以春温者，君也；小弦廉折以清者，相也；攫之深而舍之愉者，政令也；钧谐以鸣，大小相益，回邪而不相害者，四时也。夫复而不乱者，所以治昌也；连而径者，所以存亡也；故曰琴音调而天下治。（牛运震：复述最有致。淳于髡见邹忌子，五进隐语一段，极恢奇精辟，载于世家中，最为生色。）

狐裘虽敝，不可补以黄狗之皮。

大车不较，不能载其常任；琴瑟不较，不能成其五音。

救赵之务，宜若奉漏瓮沃焦釜也。

3. 精神的根

太史公说，《易》是一门幽微深邃的学问，周太史为田完占卜，能够预见十世以后的事情，田完逃奔到齐国后懿仲为他占卜，说的也和周太史一样。田乞和田常之所以接连杀害两位国君,独揽齐国政权,不一定是事情的形势发展到了这样的地步,反而像是要遵循命定的先兆,这反映了司马迁的历史宿命论观点。

孔子世家第十七

【导读】 本篇叙写孔子一生中的重要活动,对孔子的思想学说给予了高度评价,对孔子的遭遇给予了深深的同情和惋惜,笔墨颇为动情。

1. 历史的纲

本篇记述了儒家创始人孔子的生平活动及各方面成就,是研究孔子生平思想的重要文献。

圣人初生

孔子是叔梁纥和颜家的一个女子私通而生的,孔子生下来脑袋长得中间低而四面高,因此他的母亲给他取名丘,字仲尼。

孔子治鲁

鲁定公时,孔子做了中都的地方官,一年之内成效显著,吸引周围各地的官员都来向他取经。孔子很快便由中都宰被提拔为鲁国司空,又由司空升为大司寇。鲁定公十四年(前496),孔子五十六岁,由大司寇被任命代理国相。齐国想用计除掉孔子，于是向鲁君赠送舞女和骏马，鲁定公自此荒疏了朝政。孔子心灰意冷离开了鲁国，开始了长达十四年在异国他乡颠沛流离的生活。

丧家之犬

孔子先后游遍卫国、陈国、曹国、宋国、郑国、蔡国。在到达郑国时，孔子和他的弟子们走散了，孔子一个人孤零零地站在郑国的东门口。郑人对子贡说："东门有个人，他的额头像唐尧，脖子像皋陶，肩膀像子产，下半身比大禹短三寸，萎靡不振的样子活像一个丧家犬。"子贡如实告诉了孔子，孔子一听反而开心地笑说："相貌未必是那样，但他说我像只丧家犬，那可真是对极了！对极了！"

知行合一

叶公问子路孔子的为人，孔子自己评价说："其为人也，学道不倦，诲人不厌，发愤忘食，乐以忘忧，不知老之将至。"楚王派人拜访孔子，陈、蔡两国的大夫怕孔子被重用，就发兵把孔子一行包围在陈、蔡之间的一片荒郊野地里。他们走也走不了，带的干粮也吃完了，随行的弟子们都饿得站不起来了，而孔子却还在那里讲诗书、读文章，不停地弹琴唱歌。子路就问："君子也有走投无路的时候吗？"孔子回答说："君子到了穷困的时候能够坚守节操，而小人到了穷困的时候就会不择手段地乱来。"又说："如果仁者必定能受到信任，那伯夷、叔齐还会饿死在首阳山吗？如果智者必定能行得通，那王子比干还会被剖腹挖心吗？"

夫子之道

对于理想,孔子说:"优秀的农夫善于播种耕耘却不能保证获得好收成,优秀的工匠擅长工艺技巧却不能迎合所有人的要求。君子能够修明自己的学说,用法度来规范国家,用道统来治理臣民,但不能保证被世道所容,无需放弃奉行的学说去追求被世人收容。"

"吾十有五而志于学,三十而立,四十而不惑,五十而知天命,六十而耳顺,七十而从心所欲,不逾矩。"这是孔子对自己一生各阶段的总结。

春秋笔法

孔子的最高政治理想是建立"天下为公"的大同社会,在学术上,孔子整理了《诗》《书》《礼》《乐》《易》《春秋》,后人合称为"六经"。其中,孔子对《春秋》做了精心的删改,记叙了鲁国十二个国君的历史。孔子当写则写,当删则删,以一字寓褒贬,文辞简练而义旨博大,被称为春秋笔法。孔子说:"后代人认识我将依据这部《春秋》,怪罪我也将依据这部《春秋》。"此外,孔子的言论主要被弟子们记录在《论语》中,这是儒家学派的经典著作之一。

至圣先师

孔子在政治上不得意,促使他将很大一部分精力用于教育。孔子打破了教育垄断,开创了私学讲学的先河,弟子多达三千余人,德才兼备者有七十二人。七十二贤人大多成为各国的高官栋梁,又为儒家学派延续了辉煌。

孔子的孙子叫孔伋,字子思,著有《中庸》。孔子的后裔孔安国为汉武帝时期的博士。

2. 文字的魂

为人子者毋以有己,为人臣者毋以有己。(牛运震:双收语峭古。)

富贵者送人以财,仁人者送人以言。

聪明深察而近于死者,好议人者也。博辩广大危其身者,发人之恶者也。

秦,国虽小,其志大;处虽辟,行中正。

有文事者必有武备,有武事者必有文备。

君子有过则谢以质,小人有过则谢以文。

君子祸至不惧,福至不喜。

进取不忘其初。

四体不勤,五谷不分,孰为夫子?

君子固穷,小人穷斯滥矣。

名不正则言不顺,言不顺则事不成,事不成则礼乐不兴,礼乐不兴则刑罚不中,刑罚不中则民无所措手足矣。

君子为之必可名,言之必可行。

韦编三绝。

德之不修,学之不讲,闻义不能徙,不善不能改,是吾忧也。

仰之弥高,钻之弥坚。瞻之在前,忽焉在后。

夫子循循然善诱人,博我以文,约我以礼,欲罢不能。

不怨天，不尤人，下学而上达，知我者其天乎！

高山仰止，景行行止。虽不能至，然心向往之。

3. 精神的根

司马迁在《史记》本纪、世家中的叙事中，经常出现"孔子生""孔子卒"之类的话，孔子是司马迁《史记》叙事的一个时空坐标。

"自周公卒五百岁而有孔子。孔子卒后至于今五百岁，有能绍明世，正《易传》，继《春秋》、本《诗》、《书》、《礼》、《乐》之际？意在斯乎！意在斯乎！小子何敢让焉！"孔子是司马迁的理想坐标。

"天下君王至于贤人众矣，当时则荣，没则已焉。孔子布衣，传十余世，学者宗之"。孔子是司马迁人生观、价值观的坐标。

陈涉世家第十八

【导读】 本篇写陈涉起事反秦的全过程,但又不仅仅写陈涉一人之事。司马迁在篇中肯定了陈涉其人及其在灭秦中的重要作用。

1. 历史的纲

本篇记述了秦末农民起义领袖陈胜、吴广起义的全过程,以及各路起义军的胜败兴替。

揭竿而起

陈胜,字涉。吴广,字叔。秦二世元年(前209)七月,陈胜、吴广等九百余人被遣送到渔阳守边,中途驻扎在大泽乡。当时天降大雨,道路不通,肯定不能按时赶到渔阳,按照秦法应该杀头。陈胜、吴广为保命杀了尉官,打着公子扶苏、楚将项燕的旗号起兵造反,后自立为王,国号"张楚",建都陈县。

祭祀不绝

陈胜称王后思想逐渐发生演变,与群众的关系日益疏远,队伍内部的离心倾向也越来越明显。吴广在攻击荥阳时被起义军将领田臧杀死。次年,陈胜被秦将章邯打败,被叛变的车夫庄贾杀死,葬于芒砀山。陈胜从起兵到兵败身亡历时六个月。虽然陈胜死了,但是由他分封派遣的人最终灭掉了秦朝。因为陈胜第一个起兵造反,汉高祖即位后专门派了三十户人家为陈胜守墓,祭祀不断。

2. 文字的魂

苟富贵,无相忘。
燕雀安知鸿鹄之志哉?
王侯将相宁有种乎!

3. 精神的根

司马迁在本篇中真实、完整地记述了中国古代第一次农民大起义的过程,表现了陈胜在反对秦王朝暴政斗争的关键时刻所发挥的重要作用。陈胜作为被暴秦剥削的百姓,运用他洞察时局的能力和卓越的组织领导才干痛击了秦王朝。"王侯将相宁有种乎"的呼喊不仅是推翻暴秦的宣言,也体现了平等思想,代表着司马迁进步的历史观。

外戚世家第十九

【导读】 本篇主要写后妃,外戚仅仅附带言之。通过对汉高祖到汉武帝之间的几个后妃事迹的书写,揭露了后宫险恶的权力斗争,强调了后妃之德的重要性。

1. 历史的纲

本篇记述汉兴以来,历代后妃家族势力对西汉统治的作用和影响。

皇帝	后妃	子嗣	外戚
高祖刘邦	吕太后	惠帝(盈)	吕禄、吕庄、吕产、吕通等
	薄太后	文帝(恒)	薄昭(轵侯)
文帝刘恒	窦太后	景帝(启)	窦广国(章武侯)、窦彭祖(南皮侯)、窦婴(魏其侯)
景帝刘启	王太后	武帝(彻)	王信(盖侯)、田蚡(武安侯)、田胜(周阳侯)
武帝刘彻	卫皇后	太子(据)	卫青(长平侯),其三子皆封侯,霍去病(冠军侯)
	李夫人	昌邑王(髆)	李广利(海西侯)

窦后，摘自《马骀画宝》

钩弋夫人，摘自《马骀画宝》

李夫人，摘自《马骀画宝》

2. 文字的魂

夫乐调而四时和，阴阳之变，万物之统也。(《索隐》：以言若乐声调，能令四时和，而阴阳变，阴阳变，则能生万物，是阴阳即夫妇也。夫妇道和而能化生万物。万物，人为之本，故云"万物之统"。)

人能弘道，无如命何。(牛运震：篇中拈一"命"字为主，或叙或断，皆见之。)

生男无喜，生女无怒，独不见卫子夫霸天下。

3. 精神的根

自古以来，很多帝王能够建立国家或继承正统，不只是因为他们品德美好，其文治武功也离不开外戚的帮助。司马迁用"外戚世家"之名写后妃传记，揭示了后宫中的权力之争，实际上暗示后妃与外戚在政治上是一体的。后妃与外戚如果修德，远离权力，便可以明哲保身；如果一朝得势，争权夺利，就会干扰朝政。

楚元王世家第二十

【导读】 本篇记述了刘邦的弟弟刘交的封地楚国、孙子刘遂的封地赵国的兴衰历史。

1. 历史的纲

汉高祖刘邦家族的四个分支:长兄刘伯的夫人及儿子、次兄刘仲及其儿子、弟弟刘交及其后人和儿子刘友后人。篇中写刘交之子等人谋反被削平,耐人寻味。

楚王刘交

汉高祖刘邦有四个兄弟,长兄刘伯、二哥刘仲、四弟刘交。刘交跟随刘邦起义,是刘邦的得力助手和亲信。刘邦废黜楚王韩信后,将韩信的封地一分为二,封刘交为楚王,即楚元王。刘交之孙刘戊与吴王刘濞合谋造反,兵败自杀。其后刘交的小儿子刘礼被立为楚王,即楚文王。传至刘纯时,宦官上书说刘纯造反,刘纯自杀,楚国被收归朝廷,改为彭城郡。

赵王刘遂

刘邦有一个排行居中的儿子叫刘友,其子刘遂被立为赵王。景帝时,推行"削藩令",削减了赵王的常山郡,刘遂就与吴楚等国合谋起兵,被栾布、郦寄放水淹了都城邯郸,最后自杀。

2. 文字的魂

国之将兴,必有祯祥,君子用而小人退。国之将亡,贤人隐,乱臣贵。

安危在出令,存亡在所任。(牛运震:平正作收,意思更淡远。)

3. 精神的根

本篇是西汉初同姓叛乱诸侯的世家历史,主要记载了楚、赵两国参与"七国之乱"最终灭国的经过。司马迁认为,一个政权的安危存亡,很大程度上取决于用人是否得当。如果楚王刘戊不对申公使用刑罚,赵王刘遂任用防与先生,就不会因造反被杀,为天下人所弃。

荆燕世家第二十一

【导读】 本篇写刘邦乡里宗亲刘贾、刘泽及其后人之事,揭示了彼此勾结以谋私利的危险与危害。

1. 历史的纲

本篇记述了刘氏宗亲荆王刘贾、燕王刘泽及其子孙的事迹。

荆王刘贾

汉高祖刘邦在夺取政权、建立汉王朝的过程中,得到了刘氏宗族的鼎力相助。刘贾平定塞王司马欣后,跟随刘邦东攻项羽,之后招降了项羽的大司马周殷,平定了九江郡,并在垓下之战中围攻项羽。刘邦废黜楚王韩信后,将韩信的封地一分为二,封刘贾为荆王,给他淮河以东五十二城。这也是汉朝封刘氏兄弟、族人为王的开端。

燕王刘泽

燕王刘泽是刘氏宗族的远房子孙,刚开始任郎中一职,后以将军的身份攻打造反的陈豨,因功被封为营陵侯。吕后执政时，他逢迎吕氏，被封为琅琊王。吕后驾崩后，他又赶回长安和一众将相共同拥立代王为天子。之后，文帝改封刘泽为燕王，把琅琊郡还给了齐国。

2. 文字的魂

事发相重，岂不为伟乎！（牛运震：赞语"事发相重"，言事发于相重也，谓刘泽倚吕氏得王，吕氏以刘泽王而王益固，故曰"事发相重"也。赞语劲矫，"权激吕氏""事发相重"，造句极简重古奥。）

3. 精神的根

汉朝刚建立时吸取前朝经验教训，采用了周的"分封制"和秦的"郡县制"并举的治理方式。荆王刘贾、燕王刘泽同是刘邦的远房兄弟，都因战功封王，但司马迁对二人的态度却不相同。司马迁支持刘贾封王，却对通过政治权术封王的刘泽暗含讥讽，这体现出司马迁"不虚美，不隐恶"的实录精神。

齐悼惠王世家第二十二

【导读】 汉初吸收了周与秦国家治理体系的优点,实行分封制与郡县制并行的治理模式。高祖刘邦分封他与曹氏所生之子刘肥为齐王,本篇主要讲述了刘邦的庶长子齐悼惠王刘肥及其诸子所封各诸侯国的历史。

1. 历史的纲

齐王刘肥

刘肥是汉高祖刘邦的庶长子,高祖六年被封为齐王。汉惠帝二年(前193)入京朝见,惠帝以兄弟之礼招待刘肥,惹怒了吕太后。刘肥献出城阳郡作为鲁元公主的封地,这才得以回到齐国。悼惠王刘肥即位十三年后去世,他的儿子哀王刘襄即位。

诛灭诸吕

惠帝刘盈驾崩,吕太后把握朝政。刘襄的弟弟刘章、刘兴居都进入汉宫值守,被吕太后封为朱虚侯和东牟侯。吕后驾崩,吕产、吕禄企图政变,刘章暗中通知刘襄发兵入关,与周勃等功臣诛灭诸吕。之后,大臣迎立代王刘恒,刘襄罢兵归国。文帝即位后,将吕后侵夺的土地归还给齐国,封刘章为城阳王、刘兴居为济北王。

刘章,摘自《清刻历代画像传》

厉王失国

汉武帝时,齐厉王刘次昌与姐姐私通,被主父偃告发。齐厉王惧怕被诛,于是自杀。齐厉王无后,齐国土地被汉朝收归为郡县。

2. 文字的魂

诸侯大国无过齐悼惠王。以海内初定,子弟少,激秦之无尺土封,故大封同姓,以填万民之心。及后分裂,固其理也。(牛运震:赞语寥寥数行,括尽一篇《齐世家》始封、分裂多少情事。"激秦之无尺土封。"句甚古。)

3. 精神的根

齐国初立时是汉朝最大的诸侯国,当时因为高祖刚平定天下,吸取秦王朝不分宗族子弟而孤立无援的教训,就大封刘氏同姓,以此镇抚百姓。而随着政权的稳定,诸侯王的势力逐步强大,于是朝廷通过"推恩令"削弱诸侯势力,这是因为不同时期需要采取不同的治国策略。

萧相国世家第二十三

【导读】 本篇主要写萧何事迹,其协助刘邦打天下、安天下的功绩以及在刘邦猜忌下战战兢兢的处境,尽在此篇之中。

1. 历史的纲

本篇记述了萧何自沛县与刘邦共事以来,先后辅佐高祖刘邦、惠帝刘盈两朝,为西汉建立功勋的事迹。

萧何,摘自《历代名臣像解》

目光长远

刘邦早在沛县时,萧何就对刘邦照顾有加。刘邦起兵后,萧何担任县丞,帮助刘邦处理各种事务。刘邦入咸阳时,只有萧何先去把秦朝丞相和御史大夫保管的法律诏令、图书文献收藏起来,这为以后楚汉战争和治国理政积累了基础材料。

忠心耿耿

刘邦从汉中出兵平定三秦,萧何以丞相的身份留守巴蜀。萧何劝勉百姓发展生产、支援前线,为汉军提供了良好的后勤保障。刘邦联合各路诸侯对战项羽时,萧何镇守关中,通过水路和陆路转运军粮,供应前方的军队,并征调关中士卒随时补充军队损失,还把自己能够作战的子孙兄弟都送到了前线。

功居第一

刘邦平定天下后论功封侯,认为萧何的功劳最大,把他封为酇侯,给了他很多食邑,位居功臣第一,允许他穿鞋带剑上殿。萧何举荐了韩信,后又因韩信谋反设计杀了他,成语"成也萧何,败也萧何"由此而来。虽然萧何与曹参向来不和,但他不存私心,病重时还向汉惠帝推荐了曹参。惠帝二年(前193),相国萧何去世,谥为文终侯。

2. 文字的魂

今诸君徒能得走兽耳,功狗也。至如萧何,发踪指示,功人也。

奈何欲以一旦之功而加万世之功哉！

后世贤，师吾俭；不贤，毋为势家所夺。（牛运震：语极精峭古雅。）

3. 精神的根

萧何在秦朝时是一个刀笔小吏，平庸无所作为。但在辅佐刘邦建立功业的过程中，他兢兢业业、小心谨慎，立下了卓越的功勋，声名流传后世。他善于治理百姓，制定了一套符合民心的制度。萧何在为人修德方面也值得称赞，他忠心耿直，居首功而不自傲，节俭自律、以德服人，能够独善其身，恩泽施于后代。

曹相国世家第二十四

【导读】 本篇主要写曹参的事迹,包括助刘邦打天下的赫赫战功,当相国后实施清静无为、休养生息的政策及由此获得的政绩。

1. 历史的纲

本篇主要讲述了西汉开国功臣曹参及其后人的历史。

曹参,摘自《历代名臣像解》

身经百战

曹参是沛县人,秦朝时做过沛县的监狱长。刘邦起兵造反时,曹参跟随刘邦出生入死,总共打下了两个诸侯国、一百二十二个县。曹参身经百战,反秦灭楚,屡建战功。

萧规曹随

萧何死后,曹参接替萧何做了相国,一切事情都遵循萧何定下的规章办,没有一点改变。曹参从各郡和诸侯国中选拔了一些质朴而不善文辞的厚道人,任命为丞相长史,开除了一些苛刻严峻、沽名钓誉的人。曹参日夜饮酒,不问政事,把清静无为当作治国安邦的准则,推行了一套使百姓休养生息的政策,天下人都称颂他的美德。曹参接任相国三年后去世,谥为懿侯。

2. 文字的魂

萧何为法,颗若画一,曹参代之,守而勿失,载其清净,民以宁一。(牛运震:恰有此歌作结,妙甚。)

萧规曹随。

3. 精神的根

曹参武能出生入死,身经百战;文能清静无为,与民休养生息,顺应大道。曹参能文能武、有勇有谋,得到了司马迁的高度赞扬。

留侯世家第二十五

【导读】 本篇主要写张良为韩报仇而投奔刘邦,协助刘邦灭秦讨项,以及汉建立后协助吕后稳定刘盈太子之位,刻画了一个谋略高超而又能明哲保身的谋臣形象。

1. 历史的纲

本篇讲述了张良跟随刘邦,为刘邦出谋划策,最终定鼎汉室天下的事迹。

行刺秦始皇

张良是韩国人,他的祖父和父亲曾在韩国相继做过五朝的宰相。韩国被灭后,张良准备寻找刺客行刺秦始皇。秦始皇在东方巡游时,张良和一位大力士突袭秦始皇,但没有成功。于是张良改名换姓,逃到下邳躲了起来。张良住在下邳时,得到了黄石公赠给他的《太公兵法》。张良经常行侠仗义,项羽的叔叔项伯杀了人,就投奔到了张良身边。之后,张良聚兵响应农民起义,半途归附了刘邦。

出谋划策

项羽在彭城杀了韩王韩成,张良闻风而逃,投奔了刘邦。项羽设下鸿门宴,想杀了刘邦,于是项伯连夜向张良报信。张良提前想好了应对之策,帮助刘邦躲过了杀身之祸。之后,张良帮助刘邦获得汉中作为封地,自己归返韩国。张良建议刘邦在去往汉中的路上烧断经过的栈道,向天下人表示不再回来的决心,为刘邦赢得了项羽的信任。

刘邦收复关中后,封张良为成信侯。张良建议刘邦将函谷关以东地区作为封地笼络九江王黥布和彭越、韩信三人,最终刘邦靠着这三人的力量打败了项羽。

汉初三杰,摘自《马骀画宝》

托付重任

刘邦平定天下后,封张良为留侯。之后,刘邦想废掉太子刘盈,立赵王如意。吕后请求张良帮忙,张良建议吕后请来东园公、甪里先生、绮里季、夏黄公四位贤人,最终保住了太子之位。张良晚年功成身退,潜心道术,学习辟谷。张良死后,谥为文成侯,他的儿子张不疑继承了留侯的爵位。

2. 文字的魂

运筹策帷帐中,决胜千里外,子房功也。

关中左崤函,右陇蜀,沃野千里,南有巴蜀之饶,北有胡苑之利。

鸿鹄高飞,一举千里。羽翮已就,横绝四海。横绝四海,当可奈何!虽有矰缴,尚安所施!

人生一世间,如白驹过隙,何至自苦如此乎!

3. 精神的根

张良有雄才伟略,数次救刘邦于危难之中,为汉王朝立下了卓越功勋。同时,张良也是那个时代的智者,他知进知退,能够在功成后明哲保身,是一位参透世间百态和人生的清醒者。

陈丞相世家第二十六

【导读】 本篇记述了汉初名相陈平辅佐汉王刘邦夺取天下,继曹参为相、诛诸吕、立文帝,匡扶汉室的历史故事。陈平守正出奇,多有计谋,魏无知认为陈平是"奇谋之士",陈平认为项羽不重用自己是"虽有奇士不能用",司马迁在传中也突出陈平的"奇",如:"用其奇计策,卒灭楚""高帝用陈平奇计""奇计或颇秘,世莫能闻也""常出奇计"。

1. 历史的纲

择木而栖

陈平家贫但有大志,常外出游学,均匀分配祭肉得到长辈夸奖之时,心怀天下的他放言:"使平得宰天下,亦如是肉矣!"陈涉起兵称王后,陈平先投魏王,官任太仆;后奔项羽,项羽赐其卿爵;又封信武君,再拜都尉。因殷王司马卬事件,陈平仗剑独行投奔刘邦。

足智多谋

刘邦被困荥阳,陈平献上离间计,使得项羽和钟离眜、龙且、周殷、亚父范增等人相互猜疑，并且逼走范增；又用美人计，声东击西，使得刘邦成功离开荥阳，回到关中。

刘邦对韩信请封齐王一事不满，陈平情急之下踢了他一脚，让他冷静下来；后来有人告发楚王韩信谋反，陈平分析利弊，献上奇策，于是刘邦佯装巡游云梦泽，智擒韩信，罢楚王，定楚地。汉军与匈奴大战，被困平城七天七夜，断粮绝水，情况危急，陈平贿赂阏氏，才令汉军逃出生天。陈平以护军中尉的身份跟随刘邦平定陈豨和黥布的叛乱，守正出奇。向刘邦举荐陈平的魏无知称他为奇谋之士，陈平确以奇计见长，他一共给刘邦出过六次有成效的奇计，每次都会加封食邑，因此加封了六次。

刘邦令陈平、周勃击杀樊哙，二人顾虑到樊哙战功卓著，且为吕后亲贵，因而将其绑缚至长安，途中陈平听到刘邦驾崩的消息，便急速进宫，向吕后汇报处理樊哙的经过，取得她的信任，于是吕后命他教导刚登基的新帝。吕后想封诸吕为王，陈平都同意了。但吕后一死，陈平就与太尉周勃合谋，平定吕氏，迎立代王刘恒，为汉文帝。其后文帝任命周勃为右丞相，陈平为左丞相。文帝二年（前178），陈平去世，谥为献侯。

2. 文字的魂

家乃负郭穷巷，以弊席为门，然门外多有长者车辙。（编者按：此句侧面点出陈平之才可引众人与之结交，宾友如云。牛运震：俨然一幅"高士家居图。"）

人固有好美如陈平而长贫贱者乎？（牛运震：长句袅袅有致。

编者按：即此句写得轻灵飘逸。)

渡河，船人见其美丈夫独行，疑其亡将，要中当有金玉宝器，目之，欲杀平。("美丈夫"与前后映照有情；"目之"二字短促有力，写出船夫杀意。)

臣所言者，能也；陛下所问者，行也。今有尾生、孝己之行而无益于胜负之数，陛下何暇用之乎？楚汉相距，臣进奇谋之士，顾其计诚足以利国家不耳。(此举所言，是非分明，可见魏无知用人、识人之锐。)

项王为人，恭敬爱人，士之廉节好礼者多归之。至于行功爵邑，重之，士亦以此不附。今大王慢而少礼，士廉节者不来；然大王能饶人以爵邑，士之顽钝嗜利无耻者亦多归汉。(陈平点出楚汉两方的用人特点，是下文计策谋划的依据。)

宰相者，上佐天子理阴阳，顺四时，下育万物之宜，外镇抚四夷诸侯，内亲附百姓，使卿大夫各得任其职焉。

始陈平曰："我多阴谋，是道家之所禁。吾世即废，亦已矣，终不能复起，以吾多阴祸也。"然其后曾孙陈掌以卫氏亲贵戚，愿得续封陈氏，然终不得。(编者按：此句以陈平自说的"多阴谋"三字，表明了此篇的描述重点在于他的奇计阴谋，而所写陈掌之事不仅与陈平语相呼应，也微妙点出了著书者司马迁对于使用阴谋的态度。牛运震：结尽一篇本意，用笔甚妙。)

3. 精神的根

陈平自己说过："我一生好搞阴谋，这是道家所忌讳的。我这一代获得尊贵，不会有后代的复兴，这是搞阴谋诡计惹的祸。"如他所言，其侯位并未荫泽子孙。

陈平胸有大志，但初出茅庐之时，在魏国、楚国遇到很多艰难险阻，转投刘邦后，为刘邦出了很多奇谋，数次平定危机。到了吕后时代，国家处于多事之秋，陈平却能自免于祸，还稳定了汉室的江山，辅佐文帝，被后世称为贤相。狡兔死，走狗烹，作为开国元勋，三度从龙，却能够做到善始善终，可见陈平聪慧异常，善于审时度势，进退有度。司马迁认为这其中有着做人处世的大智慧，"非知谋孰能当此者乎？"

绛侯周勃世家第二十七

【导读】 本篇记述了以绛侯周勃、条侯周亚夫为代表的武将世家兴汉、扶汉的历史故事。周亚夫虽治军有方、于国有功,却不得善终。

1. 历史的纲

作战勇猛　性格耿直

周勃是沛县人,以编制养蚕的工具和充当吹鼓手为业。刘邦起兵时,周勃就跟随刘邦南征北战。他作战勇敢,经常第一个登上城楼。周勃战绩卓著,曾俘虏相国一人,丞相两人,将军与二千石官员各三人,还单独打败两支敌军,攻下三座城池,平定五个郡,七十九个县,俘虏丞相、大将各一人。周勃刚直憨厚,被刘邦

周勃,摘自《历代名臣像解》

认为是一个可以托付大事的人。周勃倔强粗鲁，总是呵斥儒生和游说之士"有话快说。"

铲除诸吕　拥立文帝

刘邦死后，周勃以列侯的身份侍候汉惠帝，后被任命为太尉。吕太后死后，吕禄以赵王的身份充任上将军，吕产以吕王的身份充任相国，两人控制着国家的权柄，对刘氏皇权构成了严重的威胁。周勃名义上是太尉，却无法进入军门，陈平虽是丞相却不能过问国家大事，于是周勃与陈平联合起来铲除了吕氏一党，拥立了汉文帝。汉文帝拜周勃为右丞相，后来周勃为保全自身，辞去相位，在列侯中带头辞职回到封地绛县。

亚夫治军　平定叛乱

周勃死后被谥为武侯，其子周胜之继承了爵位，与公主不和睦，被撤销封国。后另有一子周亚夫被续封为条侯，继承周勃爵位。文帝死后，周亚夫被景帝任命为将军。

文帝劳军，到灞上和棘门两处军营时，不用通报，车马直接进入。而到了细柳军营，军士全副武装，不让天子车马进入，文帝派使者持符节进去通报，周亚夫才令兵士开门迎接。守营士兵说："将军有令，军中不许车马急驰。"车夫只好控制缰绳，缓慢前行。到了军中大帐，周亚夫一身戎装施行军礼，说："介胄之士不拜，请陛下允许臣下以军中之礼拜见。"文帝完成劳军，出营门后，对周亚夫的治军之严感慨不已，赞扬万分。

周亚夫,摘自《历代名臣像解》

细柳式车,摘自《马骀画宝》

景帝时,周亚夫平定七国之乱,被升为丞相。在景帝废除栗太子的时候,周亚夫极力拦阻,与景帝意见不合,后辞去丞相之职。在平定七国之乱时,因周亚夫在用兵战略上没有及时与梁孝王达成一致,梁孝王因此记恨周亚夫,常在景帝面前说周亚夫坏话。周亚夫的儿子买了五百套铠甲和兵器,打算将来作为周亚夫的随葬品,但却被人诬陷造反,于是周亚夫绝食而亡。

2. 文字的魂

军中闻将军令,不闻天子之诏。

非刘氏不得王,非有功不得侯。不如约,天下共击之。

绛侯既出,曰:"吾尝将百万军,然安知狱吏之贵乎!"(编者按:今昔对比,此番感慨发自内心,带有劫后余生的韵味,便见绛侯处境变化之巨。)

景帝视而笑曰:"此不足君所乎?"条侯免冠谢。上起,条侯因趋出。景帝以目送之,曰:"此怏怏者非少主臣也!"(牛运震:"目之"。只二字写出杀机。)

君侯纵不反地上,即欲反地下耳。(牛运震:此语诘责得无理,却不置辩,真法吏口吻。《绛侯世家》两次写狱吏惨横处,悲酸痛切,千古伤心,正坐李陵幽囚之后,一触此事,即为笔底怆绝耳。)

条侯果饿死。死后,景帝乃封王信为盖侯。(牛运震:低徊条侯之死,为许负相法作应,又补侯王信事作结,深重之,深怜之,缭绕顿挫,无限感伤。此太史公绝笔也。)

3. 精神的根

周亚夫用兵威武稳重,坚韧不拔,司马穰苴也很难超过他。可惜他过于自信,能坚守节操而不能忍让谦逊,结果落了个悲剧下场。

周勃、周亚夫皆作战有方,性格直爽,地位尊崇,后来成阶下囚,冥冥之中父子二人有种宿命般的凄惨,但这其实是封建社会中武将身份与生俱来的悲哀。军功显赫,若不谨言慎行,必然惹得皇帝不安。只是周勃尚懂伴君如伴虎的道理,还可保存己身;周亚夫则过于刚正,不知帝王猜忌心思,尽管劳苦功高,却冤屈致死。

梁孝王世家第二十八

【导读】 本篇是对梁孝王刘武家族的沿袭记述，同时对汉文帝四个儿子的传承祭祀情况进行了交代。

1. 历史的纲

平乱有功

梁孝王刘武是汉文帝和窦漪房的儿子，汉景帝的同胞兄弟。在吴、楚、齐、赵等七国之乱时，梁孝王作为封王积极抗击，使吴、楚七国军队不能越过梁国向西一步，为平定七国之乱做出了巨大贡献。

觊觎皇位

景帝废掉栗太子后，窦太后想让景帝立梁孝王做继承人，大臣窦婴、袁盎等人劝说景帝，使得窦太后的想法没有实现。梁孝王开始怨恨袁盎和其他议臣，并派人刺杀袁盎等十多人。景帝和梁孝王逐步疏远起来。

汉文帝 （刘恒）	长子刘启—太子—汉景帝
	次子刘武—代王—迁淮阳王—梁王刘胜死后为梁孝王
	三子刘参—太原王—徙并代地为代王
	四子刘胜—梁王—早卒，谥梁怀王

2. 文字的魂

太后泣曰："帝杀吾子！"景帝忧恐。……及闻梁王薨，窦太后哭极哀，不食，曰："帝果杀吾子！"景帝哀惧，不知所为。（牛运震："两层叠应甚紧……自有呼应。"）

人主无过举，不当有戏言，言之必行之。

《孝经》曰："非法不言，非道不行。"

鄙语曰："骄子不孝"，非恶言也。故诸侯王当为置良师傅相忠言之士，如汲黯、韩长孺等，敢直言极谏，安得有患害！

3. 精神的根

儒家的礼制是有其指导价值和意义的，梁孝王企图逾越礼制，改变嫡长子制的规则，是以卵击石。

景帝派出去查办梁孝王的田叔、吕季主，这两位既精通经术，又顾全大局。他们从梁国回来，把梁王谋反的供词全部烧掉了，将罪名推到梁王宠臣羊胜、公孙诡身上。他们知道封建礼制下，情大于法的运行规则。景帝和窦太后在知晓此事后非常高兴。褚少孙据此评价说："不懂得古今礼法的大原则，就不能担任三公之职，也不能在君主身边当近臣。"

五宗世家第二十九

【导读】 本篇主要叙述汉景帝的五个妃子所生的十三个儿子被分封以及他们的封国兴衰过程。在简短的叙述中,司马迁呈现了他们不同的个性特征。五宗,指的就是五个妃子所出者。

1. 历史的纲

汉景帝五位妃子所生的十三王子,每个人都受到分封,他们生活腐化,各有特点。

栗姬	刘荣(临江王),刘德(河间王),刘阏于(临江王) 刘阏于为王三年卒,无后,废太子刘荣为临江王
程姬	刘余(鲁王),刘非(江都王),刘端(胶西王)
贾夫人	刘彭祖(赵王),刘胜(中山王)
唐姬	刘发(长沙王)
王夫人	刘越(广川王),刘寄(胶东王),刘乘(清河王),刘舜(常山王) 刘彭祖被改立为赵王后,刘越为广川王

汉初诸侯王自己任命内史以下官吏,安排封地内的财力,

汉王室只向诸侯王派遣丞相，用金印。七国之乱后，汉去"丞相"而遣"相"，用银印。同时剥夺诸侯王治国权利，只允许他们收取租税。

汉高祖刘邦有兄弟三人：长兄刘伯之子刘信被封羹颉侯，二哥刘仲被封代王，小弟刘交被封楚王。

汉高祖刘邦八子：刘肥（齐王），刘长（淮南王），刘恒（代王、汉文帝），刘盈（汉惠帝），刘友（淮阳王、赵幽王），刘建（燕王），刘如意（赵王），刘恢（梁王、赵王）。

2. 文字的魂

孝景皇帝子凡十三人为王，而母五人，同母者为宗亲。（牛运震：开端总提数语，纲领分明，且令人一阅即解五宗之义，真能手。编者按：即指司马迁在开篇描写时简要勾勒，脉络分明。）

3. 精神的根

自吴、楚等七国叛乱之后，到五宗诸王中，两千石以上的官员一律由朝廷派遣，诸侯王只能享用国中的租税，剥夺了他们的军政大权。诸侯国被逐渐削弱，地位下降，其中有诸多封国被改设为郡县，景帝诸子恰好处于这段制度的变更时期，详写景帝诸子的兴衰，可见汉家制度的变化。

牛运震评价此篇文法时说："《五宗世家》以五宗为经，以十三王为纬，标总于前而缀其属于后。纲目本末，厘然有则。叙次简劲间有风姿，非太史公不能作也。"

三王世家第三十

【导读】 此篇文字的作者,历来有争议。原因是篇中"太史公曰"和"褚先生曰"的内容前后矛盾。综合学者们的意见,本篇极有可能是褚少孙之后的人补入的。

1. 历史的纲

在封立三王的过程中,天子所表现出来的谦让,群臣五次启奏所表现出来的恪守道义,皇帝诏书所呈现出来的文辞优美,使此篇具有非常重要的价值。

封皇子刘闳为齐王。

封皇子刘旦为燕王。

封皇子刘胥为广陵王。

2. 文字的魂

爱之欲其富,亲之欲其贵。

青采出于蓝,而质青于蓝。

蓬生麻中,不扶自直;白沙在涅,与之皆黑。

兰根与白芷,渐之滫中,君子不近,庶人不服。(牛运震:诸奏牍、诏策训辞深厚,摛字古雅,忾然渊然,真西京文章之盛,即是

《史记》中异样生色文字。)

3. 精神的根

大臣请立三子为王,汉武帝最初没有应允,是觉得三子德行不够,所以后来在封王的诏命中叮嘱他们修养德行,对齐王言:"人之好德,克明显光",对燕王曰:"毋作怨,毋恤德",对广陵王曰:"毋侗好轶,毋迩宵人,维法维则。"封王之策,既饱含希望,又殷训教,寓职责信念于一体,可谓一位帝王与父亲的苦心孤诣。

第三章 读《史记》

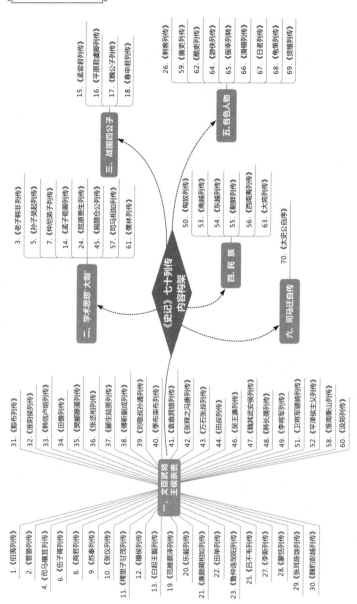

伯夷列传第一

【导读】 本篇从尧、舜、禹三代禅让发端,引出伯夷、叔齐,彰显古贤风范、高风亮节。文中太史公的设难发问,是借立传之机,抒发自己胸中块垒。

1. 提纲挈领

伯夷、叔齐是孤竹国君的大儿子和三儿子。孤竹国君想让三子叔齐继位,叔齐又想让给大哥伯夷,伯夷说父亲的遗命是让你做国君啊,于是就逃走了。叔齐不肯即位,也逃走了。国人只好拥立孤竹国君的次子为君。

伯夷、叔齐听说西伯姬昌善于收养贤士,于是就去投奔他。等他们到达时,姬昌已经死了。西伯侯的儿子周武王姬发,用车载着姬昌的灵牌,往东讨伐殷纣王。伯夷、叔齐劝阻道:"父亲刚过世,还没完葬,就发动战争,这能说是孝吗?做臣子的要去讨伐自己的君王,这能说得上是仁吗?"

等武王灭掉殷纣后,天下人都接受周的统治,而伯夷、叔齐以此为耻,他们决定不吃周的粮食,隐居在首阳山,采摘野菜充饥,后双双饿死在首阳山上。

伯夷，摘自《历代名臣像解》

叔齐，摘自《历代名臣像解》

2. 文字的魂

举世混浊，清士乃见。

若至近世，操行不轨，专犯忌讳，而终身逸乐，富厚累世不绝。或择地而蹈之，时然后出言，行不由径，非公正不发愤，而遇祸灾者，不可胜数也。余甚惑焉，傥所谓天道，是邪非邪？（牛运震：满腹悲愤，倾吐殆尽，笔底酣肆，极沉郁顿挫之妙。"余甚惑焉"云云，淋漓飞越，如书家之舞笔。）

3. 人格建构与多元价值

《五帝本纪》中尧、舜的禅让，世家第一篇《吴太伯世家》中吴太伯、仲雍的辞让，列传第一篇《伯夷列传》里伯夷、叔齐的礼让，本纪、世家、列传的第一篇都讲到让，可见"让"在司马迁心中是非常重要的价值观。尧舜禅让，让出百姓安康；重耳退避三舍，让出诚信道义；廉颇、蔺相如将相和，让出同仇敌忾之气与国家兴盛之机。"让"是心怀社稷的责任，"让"是心底无私的胸怀，"让"是身心自由的追求。

牛运震认为本篇"以萧瑟之笔，写怨愤之衷，淋漓错综，凄婉高奇。以此首诸列传，真绝调也。"

管晏列传第二

【导读】 本篇主要赞颂管仲和晏婴的政治才干,感叹鲍叔和管仲之间的友谊,同时也洋溢着对齐桓公和越石父的崇敬之情。

1. 提纲挈领

管鲍之交　管仲相齐

管仲和鲍叔牙是好朋友,两人合作做生意时,他常占鲍叔牙的便宜,但鲍叔牙还是待他很好,从不介意。后来鲍叔牙跟随了齐公子小白(齐桓公),管仲跟随了公子纠,公子纠被杀,管仲也被囚禁了起来。鲍叔牙向齐桓公推荐了管仲,管仲被任用后,积极发展齐国经济,因势利导抓住国家的主

管仲,摘自《历代名臣像解》

要矛盾,深得民心,辅佐齐桓公成为一代霸主。鲍叔牙和管仲之间相互欣赏、相互包容的友谊也被誉为"管鲍之交"。

晏婴之德

晏婴,曾在齐灵公、齐庄公、齐景公三朝为臣,他以政治上有远见、生活简朴、踏实苦干受到齐国人的尊重,其思想和轶事多见于《晏子春秋》。

晏婴,摘自《历代名臣像解》

2. 文字的魂

生我者父母,知我者鲍子也。(编者按:管仲此语,令管鲍之交更为真切动人。牛运震:二语有泪。)

仓廪实而知礼节,衣食足而知荣辱,上服度则六亲固。

既相齐,食不重肉,妾不衣帛。

将顺其美,匡救其恶,故上下能相亲也。

进思尽忠,退思补过。

3. 人格构建与多元价值

本篇列传中,管鲍之交正合越石父所说的"信于知己",晏子举荐御者为大夫与鲍叔牙举荐管仲相互呼应,这几人正是君子之交的典范。

司马迁景仰晏子的品行:"假令晏子而在,余虽为之执鞭,所忻慕焉。"他们都是价值观比较接近的人,故而司马迁对晏子的尊崇之心溢于言表。

附:

贫交行

[唐] 杜甫

翻手作云覆手雨,纷纷轻薄何须数。
君不见管鲍贫时交,此道今人弃如土。

老子韩非列传第三

【导读】 本篇是老庄学派老子、庄子和法家学派申不害、韩非子的合传。之所以如此安排,是为了对道家和法家两个思想学派的学术源流进行归纳和辨析。司马迁虽然不喜欢法家,但也对韩非的遭遇深感同情。

1. 提纲挈领

老　子

老子姓李,字聃,是周朝管理国家藏书的小官。他看到周王室愈来愈衰落,便离开洛阳西去,路过函谷关时,关令尹喜对他说:"您就要隐退了,请您走之前为我写一部书吧!"于是老子写了《道德经》,有上下两篇,主要讲了道与德方面的内容,共五千多字,从此遁世归隐。

老子出关,摘自《马骀画宝》

庄　子

庄子,摘自《历代名臣像解》

庄子名周,曾做过蒙县漆园的小吏,与梁惠王、齐宣王同一时代,也是道家学派的代表人物,与老子并称为"老庄"。代表作为《庄子》,包括《渔父》《盗跖》《胠箧》《逍遥游》《齐物论》《养生主》等三十多篇,其文想象丰富奇特,语言运用自如,能把微妙难言的哲理说得引人入胜,被称为"文学的哲学,哲学的文学"。

申不害

申不害,原来是郑国的小官,后来在韩昭侯时任韩国的丞相。他的理论中心是刑名法术,在韩国主政时,对内整顿政治,教化百姓,对外应付诸侯,前后达十五年之久,期间韩国兵力强盛,政局安定。

韩　非

韩非是韩国的公子,喜好刑名法术之学,他和李斯都是荀卿的学生。韩非在韩国不受重用,悲叹廉洁正直的臣子不被奸邪之人所容,考察历史上的得失变化,写出了《孤愤》《五蠹》《内外储》《说林》《说难》等文章。后来有人把他的著作传到秦国，秦王嬴政很喜欢，为了得到韩非，发兵进攻韩国。韩王最初不用韩非，危急之下却派韩非出使秦国。秦王一见韩非非常欣喜，但没有立即任用他。李斯、姚贾嫉妒韩非的才能，就污蔑韩非说："韩非是韩国的公子，放他回去是为自己留祸根。"秦王认为有理，于是李斯逼韩非自杀了。

2. 文字的魂

良贾深藏若虚，君子盛德，容貌若愚。（编者按：此句表现了老子的思想倾向，也概括了《道德经》一书的精要。）

我宁游戏污渎之中自快，无为有国者所羁，终身不仕，以快吾志焉。（编者按：后世众多隐士之思大抵如此，不愿与世同流合污，自守内心一方天地。）

所养非所用，所用非所养。（牛运震：刻峭深透之言。）

然韩非知说之难，为《说难》书甚具，终死与秦，不能自脱。（编者按：此句读来，更添韩非的悲剧性，令人无限唏嘘，如有切肤之痛。）

3. 人格构建与多元价值

老庄学派效法自然，提倡清静无为，是先秦重要的思想体系，与儒家思想共同构成中国士人的两大精神支柱，至今仍是中国人重要的思想源泉。以申不害、韩非子为代表的法家学派，主张以法治国，中国封建王朝的治理大多数是儒法结合，法家思想对中国社会影响深远。

司马穰苴列传第四

【导读】 本篇主要记述了齐国将军司马穰苴的故事，刻画了一个威恩并重、深明大义、有礼有节、从容沉稳的出色将领形象。

1. 提纲挈领

严法纲纪　爱兵如子

司马穰苴是田完的后代。齐国同时遭到晋国与燕国的攻击，情势危急，晏婴于此时向齐景公推荐了司马穰苴，齐景公任命其为将军去抗击燕、晋军队。他文武兼备，对内能团结人，对外能克敌制胜，严法纲纪、爱兵如子，因此准备出战时，连生病的人都积极要求参战。晋、燕国军队听到司马穰苴的一系

穰苴斩监，摘自《马骀画宝》

列做法后,自行撤退,司马穰苴挥兵追击,收回了齐国全部的土地。齐景公尊封他为齐国的大司马。

身后名望

齐景公后来听信鲍氏、高氏、国氏等权臣的谗言,罢免了司马穰苴,司马穰苴发病而死。后来田常杀死齐简公,把高氏、国氏这两个家族一起消灭了。田常的曾孙田和自立为齐国的诸侯,田和的孙子就是有名的齐威王,齐威王用兵打仗或检阅部队,都效仿司马穰苴治兵的方法,诸国都来朝拜齐国。齐威王把司马穰苴的治兵方法收进了《司马兵法》,并把这本书改名为《司马穰苴兵法》。

2. 文字的魂

受命之日则忘其家,临军约束则忘其亲,援枹鼓之急则忘其身。今敌国深侵,邦内骚动,士卒暴露于境,君寝不安席,食不甘味,百姓之命皆悬于君,何谓相送乎!

3. 人格构建与多元价值

司马穰苴斩了迟到的监军庄贾,并表现得无所畏惧,晋军、燕军听说后大为震惊,即刻班师回朝。无私者无畏,当人有更高的价值追求时,所表现出来的勇敢是非常人所及、能震撼人心的,在国家危难之际,能将荣辱生死置之度外。

孙子吴起列传第五

【导读】 本篇记述了孙武、孙膑与吴起三位著名军事家的事迹,称扬了他们的军事才能以及他们各自做出的贡献。

1. 提纲挈领

孙子兵法

孙子名武,齐国人,精通兵法,写了《孙子兵法》十三篇。吴王阖闾知道孙武善于用兵,请孙武做了吴国大将。吴王阖闾能够西破强楚,攻入楚国的郢城,又挥师北上,威震齐晋,显名于诸侯,成为一代霸主,孙武功不可没。

孙膑用兵

孙武的后代孙膑和庞涓一起学习兵法,遭庞涓忌恨,被挖了膝盖骨。魏、赵联合攻韩时,韩向齐求救,齐王任命田忌为将,令孙膑为军师,打败了魏军,杀死了魏将庞涓,并俘虏了魏国太子申,全胜而归。

马陵伏弩,摘自《马骀画宝》

吮卒病疽,摘自《马骀画宝》

杀妻求将　西河战神

　　吴起是卫国人,历仕鲁、魏、楚三国,在鲁国他跟随曾子读书,熟知兵家、法家、儒家三家思想,在内政及军事上都有极高的成就。鲁君想起用吴起为大将迎击齐军,但由于吴起的妻子是齐国人,又对他有疑心。吴起为了功名,杀了自己的妻子。赢得鲁国人信任后,吴起打败了齐军。后来有人记恨吴起,散布吴起的坏话,鲁君怀疑吴起就辞退了他。吴起听说魏文侯是个贤明的君主,于是投奔魏国,指挥魏军屡次击败秦军,一连夺取了秦国的五座城池,任西河郡守。在楚国时,吴起被任命为令尹,辅佐楚悼王进行变法,增强国力,扩展了楚国的疆域。

　　公元前 381 年,楚悼王逝世后,因变法得罪守旧贵族,吴起被杀害。著有《吴子兵法》传于世,与兵圣孙武并称"孙吴"。

2. 文字的魂

约束不明,申令不熟,将之罪也。

田忌赛马。

起之为将,与士卒最下者同衣食。卧不设席,行不骑乘,亲裹赢粮,与士卒分劳苦。

往年吴公吮其父,其父战不旋踵,遂死于敌,吴公今又吮其子,妾不知其死所矣。是以哭之。

昔三苗氏左洞庭,右彭蠡,德义不修,禹灭之。夏桀之居,左河济,右泰华,伊阙在其南,羊肠在其北,修政不仁,汤放之。殷纣之国,左孟门,右太行,常山在其北,大河经其南,修政不德,武王杀之。由此观之,在德不在险。若君不修德,舟中之人尽为敌国也。

能行之者未必能言,能言之者未必能行。

3. 人格构建与多元价值

孙膑在筹划杀庞涓时是多么英明,可是他却不能使自己避免断足的灾难。吴起劝说魏武侯治理国家不能靠天险,而要靠施仁政,这是多么中肯,可是他自己在楚国执政时,却推行一套苛刻残暴的政令,结果连自己的性命也赔进去了。

伍子胥列传第六

【导读】 本篇叙述以伍子胥复仇为重心,杂以楚吴之争、吴越之战及白公胜乱楚之事,同时文中又含众人之间的怨恨、复仇等事。以"怨毒"二字为主,是一篇"极阴惨文字"。

1. 提纲挈领

鞭尸三百

伍子胥是楚国人,名员。他的父亲叫伍奢,哥哥叫伍尚。伍奢是楚平王太子建的太傅,后受费无忌的陷害,与伍尚一起被楚王杀害。伍子胥逃到吴国,通过公子光见到吴王,他向公子光引荐了专诸,自己就和太子建的儿子胜去隐居,过农耕生活了。后来公子光派专诸刺杀了吴王僚,自立为王,即吴王阖闾。阖闾任命伍子胥为大夫,参与国家大事的决策。

阖闾九年(前506),阖闾、孙武、伍子胥等人率领全国的军队一起进攻楚国,攻入楚国国都郢,伍子胥把楚平王的尸体挖出来抽了三百鞭以报父兄被杀之仇。

剑赠渔父,摘自《马骀画宝》

伍子胥自刎

孔子担任鲁相的次年,吴军起兵伐越。越王勾践出兵迎击,令阖闾的脚趾受伤,阖闾伤势发作而亡。太子夫差即位,两年后起兵伐越,大破越军,越王勾践率残军聚于会稽山上,以重礼求和,请求侍奉吴国。伍子胥上言劝谏:"勾践能忍辱负重,如果现在不趁机消灭他,今后是会后悔的"。吴王夫差不听伍子胥的劝阻,最后采纳了太宰伯嚭的主张与越国讲和。

伯嚭诬陷伍子胥与齐国勾结,吴王夫差命伍子胥自杀。九年后越王勾践灭掉了吴国,杀死了吴王夫差,也杀掉了吴国的太宰伯嚭。

2. 文字的魂

伍胥知公子光有内志,欲杀王而自立,未可说以外事,乃进专诸于公子光，退而与太子建之子胜耕于野。

人众者胜天，天定亦能破人。

吾日暮途远，吾故倒行而逆施之。

破齐，譬犹石田，无所用之。

必树吾墓上以梓，令可以为器；而抉吾眼悬吴东门之上，以观越寇之入灭吴也。

向令伍子胥从奢俱死，何异蝼蚁。弃小义，雪大耻，名垂于后世。悲夫！

3. 人格构建与多元价值

人和人追求不一样，价值判断也不一样。伍子胥当初如果如他的兄长一样与父亲一起死了，大仇未报，那跟死一只蝼蚁没有什么区别。伍子胥能够不顾眼前小义，蛰伏多年，终报仇雪恨，扬名于后世，真是悲壮之士。

仲尼弟子列传第七

【导读】 孔子事记录在《孔子世家》当中,此篇主要记述孔子弟子之事,但从孔子与弟子的相处中,也可窥见、描摹孔子的性格画像。孔子弟子庞杂,性格、职业、地位等不尽相同,有贫困潦倒的,也有家财万贯的,有为忠义而死的,也有作乱被杀的……可以说是各具风采,各有所终。

1. 提纲挈领

桃李天下

孔子弟子有三千多人,其中精通六艺的有七十七人,德行突出的有:颜渊、闵子骞、冉伯牛、仲弓。长于政治的有:冉有、季路。能言善辩的有:宰我、子贡。擅文博学的有:子游、子夏。此篇介绍了三十五个人,他们的年龄、姓名以及学业情况文献都有记载,其余四十多个人没有文献记载,只记录了姓名。

五国俱变

子贡能言善辩,巧于辞令。齐国田常欲出兵伐鲁,孔子派出子贡挽救鲁国。子贡先至齐国,说服田常放弃伐鲁转而攻吴,又到吴国,说服吴王救鲁伐齐,而吴王怕伐齐时越国在背后攻吴,为解除这一担忧,子贡又到越国,说服越国军队随吴伐齐,然后又到晋国说明局势,吴国战胜齐国后必然加兵于晋,让晋国做好战争准备。果然,吴国大败齐军后即刻出兵晋国,早有准备的晋国大败吴军,越王勾践听说吴军大败的消息,乘机伐吴,称霸东方。

2. 文字的魂

一箪食,一瓢饮,在陋巷,人不堪其忧,回也不改其乐。
君子好勇而无义则乱,小人好勇而无义则盗。
君子居丧,食旨不甘,闻乐不乐,故弗为也。
贫而乐道,富而好礼。
无财者谓之贫,学道而不能行者谓之病。
子之所难,人之所易;子之所易,人知所难。
勇者不避难,仁者不穷约,智者不失时,王者不绝世。
誉者或过其实,毁者或损其真,钧之未睹厥容貌。

3. 人格构建与多元价值

有教无类、因材施教是孔子的育人观。他的七十多个弟子中,各种品性、特长的人都有,老师能做的就是针对学生,进行个性化的教育,这在今天依然是一种难得的育人观。

商君列传第八

【导读】 此篇集中记述了商鞅在秦国改革变法之事。开篇写"鞅少好刑名之学",中有"鞅欲变法""卒定变法之令",最后有"商君之法""为法之弊一至此哉",以变法贯穿文章始终。尽管商鞅不得善终,但变法对秦国影响深远,极大地提高了秦国的实力,为秦朝统一奠定了基础。

1. 提纲挈领

商君名鞅,姓公孙。商鞅年轻时喜欢刑名之学,在魏国丞相公叔痤手下当侍从官。公叔痤向魏惠王举荐了商鞅,并建议如果不用商鞅就杀掉他,魏惠王并未纳谏。

数见孝公

商鞅听说秦孝公招纳贤士,意图光大秦穆公的事业,向东方扩展版图,于是西行到达秦国。第一次会见,商鞅讲述尧舜之道,秦孝公不感兴趣,一边听一边打瞌睡。第二次会见,商鞅讲述王道之术,秦孝公依然不感兴趣。第三次会见,商鞅讲述霸道之术,获得了孝公的肯定。第四次会见,商鞅就以富国强兵的办法说服了秦孝公。

厉行变法

秦孝公任命商鞅为左庶长,商鞅与秦国守旧之臣进行争辩,取得了孝公的支持,开始变法革新。商鞅立木为信,在公元前356年和公元前350年,先后两次实行以"废井田,开阡陌,实行县制,奖励耕织与战斗,实行连坐之法"为主要内容的变法。

经过变法,秦国的旧制度被彻底废除,经济得到发展,秦国逐渐成为战国七雄中实力最强的国家,击败魏军,收复河西地区,为后来秦王朝统一天下奠定了坚实的基础。

诬告被杀

公元前338年,秦孝公去世,秦惠文王继位。商鞅失去了变法的强力支持者,又因为他在变法期间触犯了贵族们的利益,平时为人又残忍少恩,被杀死后车裂示众,满门被杀。

2. 文字的魂

王不能用君之言任臣,又安能用君之言杀臣。

愚者暗于成事,知者见于未萌。

民不可与虑始而可与乐成。

论至德者不和于俗,成大功者不谋于众。

治世不一道,便国不法古。故汤武不循古而王,夏殷不易礼而亡。反古者不可非,而循礼者不足多。

非其位而居之曰贪位,非其名而有之曰贪名。

反听之谓聪,内视之谓明,自胜之谓强。

千羊之皮，不如一狐之腋，千人之诺诺，不如一士之谔谔。

貌言华也，至言实也，苦言药也，甘言疾也。

劳不坐乘，暑不张盖，行于国中，不从车乘，不操干戈，功名藏于府库，德行施于后世。

3. 人格构建与多元价值

商鞅是一个实用主义价值至上的人，他不得善终的原因，一方面在于厉行变法，触犯了秦国多数旧贵族的利益，"宗室贵戚多怨望者"，甚至还得罪了太子，所以在孝公去世、新王初立之时，被群起攻之。另一方面在于他为达目的不择手段、残忍少恩，从他以旧日友情欺骗魏将公子卬一事可见端倪。所以尽管他为秦国的强大做出了巨大的贡献，但最终被车裂、满门抄斩其实是有迹可循的，可谓是成也变法，败也变法。

司马迁写作目的之一的"究天人之际"，就是探究自然现象和人类社会之间的相互作用关系。商鞅变法，影响深远，尤其是他不顾保守势力反对，勇于变更旧制的改革思想最为可贵。但"相秦不以百姓为事""残伤民以骏刑"，律令严苛，执法严酷，则令人深思改革的"度"应如何把握，于国于民才最有利。

苏秦列传第九

【导读】 本篇主要记载了战国著名纵横家苏秦的事迹，传后还有继承苏秦事业的苏秦弟弟苏代之事。太史公评价苏秦"智有过人"，阐明自己为苏秦作传是为了"毋令独蒙恶声焉"。

1. 提纲挈领

六国合纵

苏秦是东周洛阳人，跟随鬼谷子先生学习。苏秦游说秦国失败，转而游说六国诸侯，推动六国联合抗秦，秦在西方，六国在东方，因六国土地南北相连，故称合纵。苏秦做了合纵盟约的领导人，兼任六国相。

苏秦约定六国合纵相亲之后回到赵国，赵肃侯封他为武安君。苏秦派人把合纵盟约送给秦国，秦国十五年没有出函谷关。

重建联盟

苏代与燕相子之结为姻亲，子之想夺权，苏代就告诉燕王,齐王不能称霸的原因在于不信任自己的大臣,因此燕王格外信任子之,甚至要传位给他,燕国于是大乱。苏代便投奔到齐国。

苏代经过魏国被抓,被释放后去了宋国,为了阻止齐国攻宋,苏代写信劝燕昭王亲近秦国、讨伐齐国,迫使齐湣王出逃。苏代重新被燕昭王重用,重建各国合纵联盟。

2. 文字的魂

毛羽未成,不可以高蜚;文理未明,不可以并兼。

令天下之将相会于洹水之上,通质,刳白马而盟。要约曰:"秦攻楚,齐、魏各出锐师以佐之,韩绝其粮道,赵涉河漳,燕守常山之北。秦攻韩魏,则楚绝其后,齐出锐师而佐之,赵涉河漳,燕守云中。秦攻齐,则楚绝其后,韩守城皋,魏塞其道,赵涉河漳、博关,燕出锐师以佐之。秦攻燕,则赵守常山,楚军武关,齐涉勃海,韩、魏皆出锐师以佐之。秦攻赵,则韩军宜阳,楚军武关,魏军河外,齐涉清河,燕出锐师以佐之。诸侯有不如约者,以五国之兵共伐之。"六国从亲以宾秦,则秦甲必不敢出于函谷以害山东矣。如此,则霸王之业成矣。(牛运震:六国攻守地形、兵机略见于此,亦征苏秦合从本领,不徒以口舌为长也。编者按:即是指虽然纵横家能言善辩、口若悬河,但苏秦所说并不是空而无物,而是切中七国军队作战要害,可见苏秦对七国的山川形胜进行了细致的了解,为促成六国联盟花费了一番功夫。)

宁为鸡口,无为牛后。(牛运震:鸡口、牛后之喻,以韩弱气馁，故激之。此说小国之法也。编者按：苏秦展开自己的语言攻势之时，善于抓住游说对象的心理，对大国与小国的游说方式是不一样的。）

齐地方二千余里，带甲数十万，粟如丘山。三军之良，五家之兵，进如锋矢，战如雷霆，解如风雨。（编者按：此句形象地表现了齐军之壮，且语句短促，读来有迅雷疾风之势。）

临淄甚富而实，其民无不吹竽鼓瑟，弹琴击筑，斗鸡走狗，六博蹋鞠者。临淄之涂，车毂击，人肩摩，连衽成帷，举袂成幕，挥汗成雨，家殷人足，志高气扬。（牛运震：典丽恢壮，可作"齐都赋"。编者按：即是指此段具有赋的铺陈排比之风。）

此一人之身，富贵则亲戚畏惧之，贫贱则轻易之，况众人乎！且使我有雒阳负郭田二顷，吾岂能佩六国相印乎！（牛运震：苏秦一叹，正与"周人之俗，治产业"数语相应，而文势至此，大有收歇停顿之妙。）

孝如曾参，义不离其亲一宿于外，王又安能使之步行千里而事弱燕之危王哉？廉如伯夷，义不为孤竹君之嗣，不肯为武王臣，不受封侯而饿死首阳山下。有廉如此，王又安能使之步行千里而行进取于齐哉？信如尾生，与女子期于梁下，女子不来，水至不去，抱柱而死。有信如此，王又安能使之步行千里却齐之强兵哉？（牛运震：气甚遒逸，层次纡折有味。编者按：指苏秦此番言论飘逸有力。）

3. 人格建构与多元价值

成大事者，动心忍性。苏秦受到家人的嘲讽，求说周显王失败，游说秦国不成，投奔赵国受挫，在燕国等待一年多才被召见，这一系列的挫折都没有减弱苏秦实现抱负的决心。在燕国得到支持后，苏秦继而游说其他五国，使拥有复杂利益关系的六国联合为一个整体，强有力地遏制了秦国势力的扩张。可以说，若没有苏秦自身的发奋苦学与坚定意志，便没有后来"相六国"和"秦兵不敢窥函谷关十五年"的巨大成就。

张仪列传第十

【导读】 本篇记述了秦相张仪的事迹,兼记秦国大臣陈轸、犀首之事。苏秦合纵六国,使秦军十五年不出函谷关,张仪破坏合纵,形成连横,二人往来七国之间,以一己之力搅动天下风云,司马迁评价这两人为"倾危之士"。

1. 提纲挈领

因苏奔秦

张仪是魏国人,与苏秦一起跟随鬼谷子先生学习游说之术。苏秦为了阻止秦国攻打赵国,就私下派人劝说张仪到苏秦门下,然而张仪却在此受到侮辱,遂投奔秦国。张仪被秦王任用后才知道这一切都是苏秦的缘故,便许下承诺:只要苏秦当权,就不会与他作对。

连横之策

张仪被免去秦国的职务后,为了秦国的利益,就任魏相。张仪劝说魏王背弃合纵,依附秦国,魏王不同意,张仪就暗中让秦攻魏,魏军失败,于是听从张仪之言。张仪回秦,出任秦相。

秦国意图攻打齐国，张仪便前往楚国游说楚王，楚王把相印授予给张仪，断绝了和齐国的关系。之后张仪游说韩、齐、赵、燕四国，四国皆归附秦国。张仪凭借三寸不烂之舌，伶牙俐齿，游说东方六国，使得合纵联盟破裂。

2. 文字的魂

张仪谓其妻曰："视吾舌尚在不？"其妻笑曰："舌在也。"仪曰："足矣。"（牛运震：此段语意诙易，而出之独老。编者按：这段对话既彰显了张仪的性格，又表现了张仪对自己游说之能的自信。）

张仪曰："嗟乎，此吾在术中而不悟，吾不及苏君明矣！"（牛运震：此句遥与"苏秦自以不及张仪""张仪，天下贤士，吾殆弗如也"等语相应，缨拂有情。编者按：由苏张所发慨叹知彼此了解甚深，然而二人并没有"既生瑜何生亮"的不甘与怨愤，也不像庞涓嫉恨孙膑那般心胸狭隘，结合一人合纵以抑秦、一人连横以卫秦的人生轨迹，棋手相逢，两人可以说是最好的朋友与对手。）

积羽沉舟，群轻折轴，众口铄金，积毁销骨。

且夫从者聚群弱而攻至强，不料敌而轻战，国贫而数举兵，危亡之术也。

夫秦卒与山东之卒，犹孟贲之与怯夫；以重力相压，犹乌获之与婴儿。夫战孟贲、乌获之士以攻不服之弱国，无异垂千钧之重于鸟卵之上，必无幸矣。

3. 人格构建与多元价值

苏秦和张仪都是鬼谷子的学生，学习游说之术，成为战国时期的著名纵横家。他们以自己的知识和谋略参与到当时的政治活动中,二人在政治生涯末期都遭受了同僚诋毁、君王猜忌,伴君如伴虎,但他们都最大价值地实现了自己的人生抱负。

樗里子甘茂列传第十一

【导读】 本篇记述樗里子、甘茂、向寿、甘罗四人的聪明才智以及他们为秦国开疆拓土做出的贡献。这些材料大多出自《战国策》,阅读的时候需要认真辨析其真实性。

1. 提纲挈领

秦王兄弟　足智多谋

樗里子名疾,是秦惠王的弟弟。为人幽默,富有智谋,秦国人叫他"智囊"。秦惠王时任右更,还被封为"严君"。秦武王时任左丞相,武王死后辅佐昭王,多有建树。临终前预言将会有天子宫殿筑在自己的坟墓两旁,后来,汉代长乐宫与未央宫就修在他的坟墓两边。秦地百姓有句谚语:"力则任鄙,智则樗里",就是说力气大的数任鄙,智谋高的数樗里。

秦相甘茂　上卿甘罗

秦武王时,蜀侯辉和蜀相陈壮发动叛乱,甘茂前去稳定了局势。事后被任命为左丞相,右丞相由樗里子担任。

甘罗小小年纪，凭借自己的聪慧与口才，使秦国不费吹灰之力得到十一座城邑，因为被秦王封为上卿。

2. 文字的魂

夫以曾参之贤与其母信之也，三人疑之，其母惧焉。今臣之贤不若曾参，王之信臣又不如曾参之母信曾参也，疑臣者非特三人，臣恐大王之投杼也。

魏文侯令乐羊将而攻中山，三年而拔之。乐羊返而论功，文侯示之谤书一箧。乐羊再拜稽首曰："此非臣之功也，主君之力也。"

禽困覆车（编者按：指鸟兽被困陷入绝境时，会拼命挣扎，使所载之车倾覆。）

臣闻贫人女与富人女会绩，贫人女曰："我无以买烛，而子之烛光幸有余，子可分我余光，无损子明而得一斯使焉。"

贵其所以贵者贵。

3. 人格构建与多元价值

战国时期，七国争雄，乱世之中，人才辈出，对英才贤士的使用不拘一格，樗里子、甘茂、甘罗以智谋胜，存在即合理，各色人等粉墨登场，也是风景。

穰侯列传第十二

【导读】 本篇记述战国时期的秦国重臣魏冉之事。魏冉促成秦昭王即位、任用白起,功勋卓著。其中须贾、苏代与魏冉的两次交谈,尽析利弊,以雄辩之能令魏冉退兵,值得细读。

1. 提纲挈领

执掌大权　富比国君

穰侯魏冉是秦昭王母亲宣太后的弟弟,也就是秦昭王的亲舅舅。秦武王二十三岁因举鼎而死,因他没有儿子,于是公子稷在魏冉的支持下继承秦王之位,即秦昭王。魏冉平定诸公子之乱,一生四任秦相,有穰、陶两处封邑,其中陶邑商业繁荣、经济兴旺,被称为"天下之中",魏冉富比王室。

功勋卓著　终归陶邑

魏冉举荐白起为将,遣白起率军破楚都,自己东向攻城略地,击败"三晋"和强楚,盟赵而伐齐,战绩卓著。"苞河山,围大梁,使诸侯敛手而事秦。"秦王曾经一度号称"西帝"。在魏冉主政秦国三十多年的时间里,秦国攻城略地,开疆拓土,成为七国最强。后人评价:"秦益强大者,魏冉之功也!"但后来,魏冉越韩、魏而攻齐,希望扩大陶邑的封地,昭襄王遂将他驱逐至陶邑。

2. 文字的魂

自惠王、武王时任职用事。武王卒,诸弟争立,唯魏冉力为能立昭王。昭王即位,以冉为将军,卫咸阳。诛季君之乱,而逐武王后出之魏,昭王诸兄弟不善者皆灭之,威振秦国。昭王少,宣太后自治,任魏冉为政。(牛运震:此段括叙魏冉拥立专擅情事,极得要领,简劲有笔力。)

以天下攻齐,如以千钧之弩决溃痈也,必死,安能弊晋、楚?

及其贵极富溢,一夫开说,身折势夺而以忧死,况于羁旅之臣乎?

3. 人格构建与多元价值

时势造英雄,穰侯魏冉在秦昭王早期多有担当建树。秦昭王三十六年,范雎指出太后专制、穰侯魏冉专权等问题,魏冉被免去丞相等职,回到定陶。鸟尽弓藏,魏冉不是第一个也不是最后一个,历史在一遍遍地重演这样的故事。

白起王翦列传第十三

【导读】 此篇是秦将白起、王翦的合传。白起和王翦都是著名的秦国武将,在秦统一六国的过程中厥功至伟。司马迁在肯定他们杰出的军事才能之外,对白起的残暴嗜杀进行了谴责。

1. 提纲挈领

长平之战　被赐自杀

白起是陕西眉县人,由穰侯推荐给秦昭王,战功卓著,被封武安君。在和赵国的长平之战中,范雎使用反间计,让赵括代替廉颇作为主将。秦国也暗中换了武安君白起做上将军,赵军大败,白起设计活埋了四十万赵军。

坑弃万军,摘自《马骀画宝》

后在攻打赵国邯郸的战争中，白起与秦王、丞相范雎意见不合，拒不出战，被免去武安君的封号，削为平民，发配到阴密去住。白起出发后，秦昭王和范雎认为白起耿耿于怀，就送去一把剑，白起便在离咸阳城十里的杜邮自杀了。

王翦破楚　三代为将

王翦是频阳东乡人，从小喜欢兵法，是秦始皇手下的大将，多有战功。他在秦始皇灭掉韩、赵、魏三国后，于灭楚的战争中杀死了楚国名将项燕，平定楚地，活捉了楚王负刍，将楚国变成了秦国的郡县，并趁势南征百越。

秦始皇二十六年（前221），天下统一。在秦统一全国的过程中，王翦父子和蒙恬兄弟的功劳最大。至陈胜起兵反秦时，秦二世派王翦的孙子王离去打赵王歇和张耳，项羽率兵救赵，打败了秦军，俘虏了王离。

2. 文字的魂

乃挟诈而尽坑杀之，遗其小者二百四十人归赵。前后斩首虏四十五万人。赵人大震。（牛运震：总计斩首虏之数，腕力劲绝，收一句写武安，声势骇人。）

白起之迁，其意尚怏怏不服，有余言。秦王乃使使者赐之剑，自裁。

武安君引剑将自刭，曰："我何罪于天而至此哉？"良久，曰："我固当死。长平之战，赵卒降者数十万人，我诈而尽坑之，是足以死。"遂自杀。（编者按：英雄穷途之省，读来令人嗟叹。）

或曰:"将军之乞贷,亦已甚矣。"王翦曰:"不然。夫秦王怚而不信人。今空秦国甲士而专委于我,我不多请田宅为子孙业以自坚,顾令秦王坐而疑我邪?"(牛运震:此殆假设寓言,以写王翦心迹耳,即此可悟文家笔法。)

3. 人格构建与多元价值

白起自秦昭王十三年(前294)任左庶长起,为秦征战三十余年,屡立战功,王翦为秦始皇平定六国,二人皆为秦国统一六国做出了巨大的贡献。司马迁在本篇中既写二人用兵神勇,又写白起杜邮自裁之言与王翦之孙王离被俘之事,是为了警示世人:好战杀戮者,难得善终。

孟子荀卿列传第十四

【导读】 本篇主要叙述战国时期思想家孟轲、三邹（邹忌、邹衍、邹奭）、淳于髡和荀卿等人的事迹，其中对孟子的叙述尤其值得关注，是孟子死后较早宣传孟子的文字。

1. 提纲挈领

孟子著书

孟子是邹国人，跟随孔子弟子子思的学生读书，是孔子之后、荀子之前儒家学派的代表人物，与孔子并称为"孔孟"。孟子宣扬"仁政"，最早提出"民贵君轻"思想，孟子曾经游说过齐宣王、梁惠王，但他们都认为他的思想大而无当，于事无补。孟子推崇唐尧、虞舜、夏商周三代的德政，执政思想无人理睬，于是回乡著书立说，写了《孟子》一书，其中《鱼，我所欲也》《得道多助，失道寡助》《生于忧患，死于安乐》《富贵不能淫》等篇广为流传。

齐三邹子

齐国的三个邹子：邹忌，邹衍，邹奭。邹忌以高超的琴艺求见齐威王，又谈及国政，被封成侯，成为相。邹衍提出"五德终始说"与"大九州说"，著有《邹子》一书，受到齐、魏、赵、燕四国诸侯礼遇。邹奭也是当时齐国稷下学宫的学者，人称"雕龙奭"。淳于髡学无所主，博闻强识，梁惠王欲予其卿相之位，但他辞谢不受，终身没有做官。

荀子讲学

荀卿是赵国人，五十岁的时候来到齐国讲学，三次出任祭酒。后来前往楚国，两次出任兰陵令，卸任之后蛰居兰陵县著书立说，收徒授业，终老于斯，李斯就是他的学生。他总结评论了儒、墨、道三家理论与实践的成败得失，写下了《荀子》一书。

2. 文字的魂

当是之时，秦用商君，富国强兵；楚、魏用吴起，战胜弱敌；齐威王、宣王用孙子、田忌之徒，而诸侯东面朝齐。天下方务于合从连衡，以攻伐为贤，而孟轲乃述唐、虞、三代之德，是以所如者不合。退而与万章之徒序《诗》《书》，述仲尼之意。

是以邹子重于齐。适梁，惠王郊迎，执宾主之礼。适赵，平原君侧行撇席。如燕，昭王拥彗先驱，请列弟子之座而受业，筑碣石宫，身亲往师之。作《主运》。其游诸侯见尊礼如此，岂与仲尼菜色陈蔡，孟轲困于齐梁同乎哉！

自邹衍与齐之稷下先生，如淳于髡、慎到、环渊、接子、田骈、邹奭之徒，各著书言治乱之事，以干世主，岂可胜道哉!

齐人或谗荀卿,荀卿乃适楚,而春申君以为兰陵令。春申君死而荀卿废,因家兰陵。(牛运震:方正者不容,苟阿者多显,世道龃龉,古今一叹。太史公穷愁著书,其感愤者深矣。编者按:即是指本传名为"孟子荀卿列传",中杂三邹、淳于髡等人之事,然而文中两位传主不得诸侯重用,其余人却被诸侯尊重宠信,可见世道不平,司马迁对此哀之悲之,多有愤慨,故而如此书写。)

3. 人格构建与多元价值

孟子被后人称为"亚圣",尽管孟子在世时未被诸侯重用,但他的思想却对古代中国封建社会影响深远,冯友兰曾评价说:"孔子在中国历史的地位如苏格拉底在西洋史,孟子在中国历史地位如柏拉图在西洋史。"其《孟子》一书,长于雄辩,气势磅礴,对后世散文发展影响很大。

邹衍的学说也影响深远,其"五德终始说"成为改朝换代的工具,秦朝自称水德,所以推翻代表火德的周朝就是上承天命,以此证明自身政权的合法性。

孟子主张"性善论",荀子则主张"性恶论",他提出了"制天命而用之"和"天行有常"的思想主张,是先秦学术的集大成者,他开创了以赋为名的文学体裁,其《荀子》一书,结构严谨,说理透彻,对后世文章具有深远影响。

孟尝君列传第十五

【导读】 本篇是齐国孟尝君田文的传记,传后还附有冯谖客孟尝君事。孟尝君以好客养士闻名天下,将鸡鸣狗盗之徒纳入门下之时,旁人"尽羞之",但当他依靠鸡鸣狗盗之徒离开秦国时,宾客"皆服",后来又因为冯谖的谋划而延长了自己的政治生命,可见广纳门客不是毫无作用的。

1. 提纲挈领

好客养士

孟尝君田文是靖郭君田婴的儿子,齐威王的孙子,又称薛文、薛公。他广罗宾客,无论贵贱,名声闻于诸侯,食客达数千人,其中甚至有鸡鸣狗盗之徒。

鸡鸣狗盗

秦昭王听闻孟尝君贤能,就任命他为秦相。但有人劝说秦王,认为孟尝君为齐国王族,即使担任秦相,凡事也必然先为齐国谋划,然后才考虑秦国。秦王因此解除了他的相位,并且将他囚禁了起来,孟尝君受鸡鸣狗盗之徒相救,才得以逃离秦国。

出将入相

孟尝君田文在齐湣王时任齐相，率领齐、韩、魏三国之兵，攻入秦国函谷关。齐湣王七年（前294），因田甲叛乱之事出奔魏，任魏相，发兵联合秦、燕、赵攻打齐国，齐湣王战败出逃后死在莒邑。

齐魏灭薛

齐襄王继位后，田文居住在封地薛邑，在诸侯之间保持中立，死后诸子争立。齐、魏联手灭掉了薛邑，田文绝嗣无后。

2. 文字的魂

我生于土，败则归土。今天雨，流子而行，未知所止息也。

长铗归来乎，食无鱼；长铗归来乎，出无舆；长铗归来乎，无以为家。

生者必有死，物之必至也；富贵多士，贫贱寡友，事之固然也。君独不见夫趣市朝者乎？明旦，侧肩争门而入；日暮之后，过市朝者掉臂而不顾。非好朝而恶暮，所期物忘其中。

3. 人格构建与多元价值

鸡鸣狗盗之徒也有其优点，交友时要看到别人的优点，而不是只看到别人的缺点。

平原君虞卿列传第十六

【导读】 此篇是平原君赵胜和辩士虞卿的合传。平原君联合楚、魏抗秦救赵,虞卿联合齐、魏以抗秦,所以二人合传。篇中对虞卿的真知灼见颇为欣赏,对其发愤著书感同身受。

1. 提纲挈领

毛遂自荐　邯郸解围

平原君赵胜是赵武灵王的儿子,喜欢结交宾客,门下的宾客多达几千人。平原君先后做过赵惠文王和赵孝成王的相,三次被免官,又三次被重新起用。

秦国军队包围了赵国首都邯郸,平原君要去楚国求救,毛遂自荐,跟随平原君,持剑迫使楚王订盟出兵营救赵国。魏国的信陵君是平原君的妻弟,也假传王命夺取了晋鄙所统率的军队救助赵国(窃符救赵)。平原君死于赵孝成王十五年(前251),他的后世相继为"平原君",一直到最后赵国灭亡时平原君的封地才跟着一同被取消。

结盟齐魏　著书立说

　　虞卿是一位善于言辞的辩士，第一次见面赵王赐百金、白璧，第二次见面赵王就封他为赵国的上卿，所以人们都叫他虞卿。虞卿分析形势、估计敌情，为赵国科学准确地出谋划策。后来为了帮助魏国宰相魏齐，抛弃了万户侯的封赏和宰相地位，陪着魏齐一道偷偷离开了赵国，去了大梁，在大梁写了《虞氏春秋》共八篇。

2. 文字的魂

　　是时齐有孟尝，魏有信陵，楚有春申，赵有平原，故争相倾以待士。（牛运震：点三公子好客互相映照，正为四君立传本旨。）

　　夫贤士之处世也，譬若锥之处囊中，其末立见。

　　汤以七十里之地王天下，文王以百里之壤而臣诸侯，岂其士卒众多哉，诚能据其势而奋其威。

　　毛先生一至楚，而使赵重于九鼎大吕。毛先生以三寸之舌，强于百万之师。胜不敢复相士。

　　邯郸之民，炊骨易子而食，可谓急矣，而君之后宫以百数，婢妾被绮縠，余梁肉，而民褐衣不完，糟糠不厌。民困兵尽，或剡木为矛矢，而君器物钟磬自若。使秦破赵，君安得有此？使赵得全，君何患无有？（牛运震：君民相较，颠倒错综入妙。编者按：即平原君府中状况与普通赵国百姓一对比，差距之大令人咂舌。）

　　虞卿操其两权，事成，操右券以责；事不成，以虚名德君。

王之地有尽而秦之求无已,以有尽之地而给无已之求,其势必无赵矣。

平原君,翩翩浊世之佳公子也。(牛运震:长句雅甚,有逸韵。编者按:司马迁写赵胜时,有"子孙代,后竟与赵俱亡"一句,读来荡气回肠,忠贞为国的形象跃然纸上,比孟尝君携他国政齐之举强之远甚,有此一句铺垫,故赞语"佳公子"之评价并不突然。)

3. 人格构建与多元价值

赵孝成王与平阳君、平原君商议韩国上党郡守冯亭投奔赵国的事宜,平阳君说:"不如勿受,受之,祸大于所得",平原君建议:"无故得一郡,受之便。"平原君贪图上党之地,结果使赵国四十多万士兵亡在长平。

贪图不劳而获不应是做事的初心,没有大局意识,贪图眼前利益,鼠目寸光的结果不会太好。

平原君贪取上党郡而陷赵国于危难之中,司马迁不载此处而载《白起传》内,虞卿救魏齐而困大梁则载于《范雎传》中,这便是互见法,牛运震说,"此太史公安置得法、用意最有斟酌处。"

魏公子列传第十七

【导读】 本篇记述了魏国公子无忌,即信陵君的历史事迹。本篇文末有"天下诸公子亦有喜士者矣"一句,似含魏公子高出其他三公子之意,战国四公子,独独魏无忌列传以"魏公子"命名,一篇之中,称呼"公子"一百四十多次,足见太史公对魏公子礼贤下士的敬仰之情。

1. 提纲挈领

广纳宾客

魏公子无忌是魏昭王的小儿子。魏昭王去世后,魏安釐王继位后封魏无忌为信陵君。魏公子无忌为人厚道谦虚,对门下以礼相待,门客有三千多人,各诸侯国因为信陵君而十余年不敢侵犯魏国。

礼遇侯嬴

七十岁的魏国隐士侯嬴,做着魏国的守门小吏,魏公子前往拜访欲赠厚礼,侯嬴不接受。魏公子又大摆宴席,带着车马去迎接他,侯嬴径直坐了车的上座,丝毫不谦让,但魏公子没有任何不满,反而更加恭敬。侯嬴与自己的屠夫朋友朱亥聊天,把魏公子晾在一旁,魏公子的神态却很平和,侯嬴经此便成为魏公子的门客。后来魏公子在侯嬴、朱亥的帮助下窃符救赵,而在魏公子到达邺城军营的那一天,侯嬴面向北方刎颈而死。

威震诸侯

魏公子因窃符救赵而居赵国十年不归,秦国听说后发兵攻魏。魏王焦虑万分,派遣使者请信陵君回国,把上将军大印授给魏公子,魏公子由是重新统帅魏军。魏安釐王三十年(前247),魏公子率五国军队在黄河以南大破秦军,秦将蒙骜大败而逃,魏公子威震天下。魏公子整理收集有关兵法的文章,命名为《魏公子兵法》。

遭谗免职

秦王把魏公子看成心腹之患,以反间计令魏王夺了魏公子兵权,魏公子以酒浇愁,中酒毒而死。秦王听说魏公子死了,立即派蒙骜攻打魏国,攻下了二十座城,建立了直属秦国的东郡。

2. 文字的魂

当是时,诸侯以公子贤,多客,不敢加兵谋魏十余年。(牛运震:一篇要紧主意,直注射救赵抑秦等事。编者按:即太史公此句已为后文魏公子拯救赵国、击退秦国等事做铺垫。)

公子行数里,心不快……复引车还,问侯生。侯生笑曰:

"臣固知公子之还也。"（牛运震：写英雄相知，机锋警捷处，透甚，微甚。编者按：即此处描写，充分展现出了魏公子与侯嬴之间的相知相交之情，下笔功夫极深，描写十分细腻。牛氏还认为"写公子过辞侯生、引车还问一段，容止安雅，光景宛然，真神助之笔。"）

公子喜士，名闻天下。今有难，无他端而欲赴秦军，譬若以肉投馁虎，何功之有哉？尚安事客？

有德于公子，公子不可忘也；公子有德于人，愿公子忘之也。

夺晋鄙兵以救赵，于赵则有功矣，于魏则未为忠臣也。公子乃自骄而功之，窃为公子不取也。于是公子立自责，似若无所容者。（牛运震："于赵则有功矣，于魏则未为忠臣也。"二语明白直捷，"立自责，似若无所容者"则刻骨形容，神理入微。）

3. 人格构建与多元价值

魏公子礼贤下士、善用人才，能挖掘出被埋没在各个角落中的人才，这是他的过人之处。魏公子窃符救赵，于个人而言，是勇、义、智慧的完美结合；于赵国而言，是济困扶危；于魏国而言，却是公器私用，被人诟病，不值得推崇。

春申君列传第十八

【导读】 本篇记述了楚相黄歇之事,黄歇为楚相二十五年,止秦攻楚、归楚太子二事于楚国有大功,其他不足道,故对此二事详细叙述,尤其是上书秦王所言占比最重。

1. 提纲挈领

说秦救楚　返楚辅国

春申君黄歇是楚国人,在楚顷襄王手下做事,曾上书秦昭王缔结秦楚盟约。楚顷襄王派他和太子完到秦国做人质,楚顷襄王病了,太子却不能回楚国,黄歇为了太子能顺利继承王位,就安排太子从秦国逃走。太子完即位,即楚考烈王,考烈王元年(前262),任命黄歇为相,封为春申君。春申君与齐国的孟尝君、赵国的平原君、魏国的信陵君都礼贤下士,招揽宾客,他们各自都掌握着各国的政权。

联军统帅　命丧棘门

春申君任楚相的第二十二年,东方各国联合起来共同伐秦。楚考烈王是盟军的最高首领,春申君负责具体业务,六国军队前进到函谷关，秦国出兵迎战，各国军队一哄而散。考烈王因此指责春申君，春申君从此被楚王渐渐疏远。

黄歇为楚考烈王无子担心，送上了李园的妹妹给楚考烈王为妃，生子。后来黄歇被李园所杀。

2. 文字的魂

春申君相十四年，秦庄襄王立，以吕不韦为相，封为文信侯。取东周……是岁也，秦始皇帝立九年矣。嫪毐亦为乱于秦，觉，夷其三族，而吕不韦废。（编者按：黄歇与吕不韦并无交集，牛运震认为黄歇传中"牵吕不韦事夹记伴叙"，则"春申君之为人，可知矣。虽以好客与三公子联传，而用笔大有轩轾处"，即司马迁以此暗寓了自己对黄歇的态度。）

物至则反，冬夏是也；致至则危，累棋是也。

言始之易，终之难也。

世有毋望之福，又有毋望之祸。今君处毋望之世，事毋望之主，安可以无毋望之人乎？

当断不断，反受其乱。

3. 人格构建与多元价值

黄歇上书秦王阻止攻打楚国，对天下形势分析透彻，对各诸侯国之间的利益划分也切中秦王要害，保住了楚国江山。后来舍命掩护楚太子完从秦国返回楚国即位楚王，称得上有勇有谋，是一位忠义的臣子，生为人臣，本应如此。但是后来为了保住自己的荣华富贵，移花接木，又不听谋士朱英之言，惨死于李园之手，久居高位令他失去了当初的敏锐与智慧，也没有了力陈秦王以存楚国的胆识魄力，可悲可叹。

范雎蔡泽列传第十九

【导读】 此篇是秦昭王时期秦国的两位相邦范雎、蔡泽的合传。范、蔡二人以能言善辩得秦国相位,范雎说秦王,蔡泽说范雎,二人征言宏广,机锋敏捷,值得研读。

1. 提纲挈领

死里逃生

范雎是魏国人,陪同魏国的大夫须贾出使齐国时,齐襄王见范雎能言善辩,就派人赐他金十斤以及牛和酒。须贾和魏相国魏齐以为范雎把魏国的秘密泄露给了齐国,因此才得到这些馈赠,于是打断了他的筋骨、牙齿,并把范雎扔在厕所,轮流往范雎身上撒尿,侮辱他以惩戒后人,使人们不敢乱说话。后来范雎逃走了,改名换姓叫张禄。

封侯拜相

王稽把范雎(张禄)推荐给秦昭王,秦昭王开始任用范雎为客卿。范雎动员秦昭王废了太后,把穰侯、高陵君、华阳君、泾阳君驱赶出国都,秦昭王遂拜范雎为相。秦昭王四十一年（前266），秦把应地封给了范雎，号应侯。秦昭王为范雎报仇，把平原君扣在秦国，逼着赵王献出魏齐人头。魏齐去见赵相虞卿，与虞卿一起逃亡大梁，想借信陵君的关系逃到楚国。信陵君害怕秦国，犹犹豫豫地不肯见魏齐和虞卿，魏齐听说后自刎而死。

行反间计

秦昭王采纳了范雎的反间计，使赵国派马服君赵奢之子赵括代替廉颇为将，秦秘密派遣武安君白起赴前线作战，因而秦军在长平之战中大败赵军。范雎迫使武安君白起自杀，秦昭王在范雎面前也抱怨："内无良将而外多敌国"，范雎由此内心恐惧。

举荐蔡泽

蔡泽是燕国人，游说范雎。范雎明白功成隐退的道理，推荐蔡泽为相，自称病重归还相印。

辅佐四王

秦昭王任命蔡泽担任秦相，被封为纲成君。有人恶语中伤蔡泽，蔡泽害怕被杀，于是送回相印。蔡泽居留在秦国十多年，侍奉秦昭襄王、秦孝文王、秦庄襄王，最后侍奉秦始皇。

2. 文字的魂

王不如远交而近攻，得寸则王之寸也，得尺亦王之尺也。

今释此而远攻,不亦谬乎!(牛运震:此语出,秦之帝业成矣。编者按:秦国执行此战略至秦始皇灭六国,"远交近攻"的提出加快了秦国统一天下的步伐。)

范雎既相秦,秦号曰张禄,而魏不知,以为范雎已死久矣。(牛运震:一笔调转,全不费力,波澜老成。又曰:此转有运弩拔弦之妙,是通篇一大关键。编者按:后文有范雎为难须贾事,此句即是为此冲突爆发做的一个铺垫。)

魏闻秦且东伐韩、魏,魏使须贾于秦。范雎闻之,为微行,敝衣间步之邸,见须贾。须贾见之而惊曰:"范叔固无恙乎!"范雎曰:"然。"须贾笑曰:"范叔有说于秦邪?"曰:"不也。雎前日得过于魏相,故亡逃至此,安敢说乎!"须贾曰:"今叔何事?"范雎曰:"臣为人庸赁。"须贾意哀之,留与坐饮食,曰:"范叔一寒如此哉!"乃取其一绨袍以赐之。须贾因问曰:"秦相张君,公知之乎?吾闻幸于王,天下之事皆决于相君。今吾事之去留在张君。孺子岂有客习于相君者哉?"范雎曰:"主人翁习知之。唯雎亦得谒,雎请为见君于张君。"须贾曰:"吾马病,车轴折,非大车驷马,吾固不出。"范雎曰:"愿为君借大车驷马于主人翁。"(牛运震:极委曲、极琐碎事悉力装点,将炎凉恩怨、世态人情一一逼露,绝似小说传奇,而仍不失正史局度。此太史公专擅之长,自古莫二者也。编者按:即是说此段虽是历史真事,但司马迁笔法使其具有了小说的曲折离奇与生动,波澜不断。)

贵而为交者,为贱也;富而为交者,为贫也。

欲以激励应侯。应侯惧,不知所出。蔡泽闻之,往入秦也。(牛运震:《史记》合传往往用过接联络之法,此处更妙合无痕,而句法潇洒摆宕,逸甚。)

主圣臣贤，天下之盛福也；君明臣直，国之福也；父慈子孝，夫信妻贞，家之福也。

日中则移，月满则亏。物盛则衰，天地之常数也。进退盈缩，与时变化，圣人之常道也。

3. 人格构建与多元价值

范雎和蔡泽都是辩士，范雎最初被魏齐侮辱，逃出魏国，蔡泽被赵国驱赶，二人起初都不被重用，但后来也成就了一番事业，为秦相，执秦国权柄。良禽择木而栖，明主礼贤而后赏，他们自身有奋斗的志向很重要，而遇到对的人更为重要。

乐毅列传第二十

【导读】 本篇主要记述燕国名将乐毅的事迹。虽主乐毅,但旁及乐毅祖先、后裔,可见司马迁仰慕乐毅为人。其中乐毅《报燕惠王书》言辞"温厚坦白",是本篇亮眼之处。

1. 提纲挈领

起兵伐齐

乐毅是个贤人,喜欢兵法。燕昭王屈身下士,乐毅被燕昭王封为亚卿。当时,齐国百姓和各国都无法忍受齐湣王的骄横暴虐,乐毅联合了赵惠文王,统领着赵国、楚国、韩国、魏国、燕国的军队讨伐齐国,在济水西边打败了齐国主力。乐毅带领燕军在齐国作战五年,攻下七十多

济上劳军,摘自《马骀画宝》

座城池，将它们划归燕国统辖的郡县，而齐国只剩下莒和即墨两座城邑。

弃燕归赵

燕昭王死后，燕惠王继位。齐国的田单派人到燕国施行反间计，说乐毅故意不攻打莒和即墨，是在等待机会做齐国的国王。燕惠王派骑劫替换了乐毅，乐毅怕被杀死就西行投奔赵国，赵国封乐毅为望诸君，借着乐毅的威名威慑燕国与齐国。

申诉忠义

齐国的田单在和骑劫的交战中大胜，收复了齐国的全部领土。燕惠王后悔派骑劫代替乐毅，损兵折将丢失土地，就给乐毅写了一封信，乐毅回信一封，即后来著名的《报燕惠王书》。燕惠王看完后让乐毅的儿子乐间做了昌国君，燕、赵两国都封乐毅为客卿。

乐氏后人

乐间上书劝阻燕王不要攻打赵国，但燕王不听，结果燕军被击败，乐间遂逃到了赵国。燕王悔恨，写信指责乐间。乐间怨恨燕王不听己言，便留在赵国。乐间几乎重演了父亲与燕王之间的故事。

2. 文字的魂

善作者不必善成，善始者不必善终。（牛运震：不肯名言骑劫代将事,是其立意高处。第此处最难转关,却用此二语反托,而前事已自隐露。盖以'不能善成'、'不能善终'为昭王惜、为惠王责也,用笔甚妙。编者按:即是说乐毅此句虽没有明言自己被换之事,却道尽其中委屈,还暗含对昭王功业的惋惜与对惠王疑心自己的指责。)

夫免身立功,以明先王之迹,臣之上计也。离毁辱之诽谤,堕先王之名,臣之所大恐也。临不测之罪,以幸为利,义之所不敢出也。(牛运震:三叠作收,分疏明白,咏叹纡馀尽致。编者按:乐毅以此三句向燕王表明心迹,晓畅明白,真挚动人。)

古之君子,交绝不出恶声;忠臣去国,不洁其名。

今寡人虽愚,不若纣之暴也;燕民虽乱,不若殷民之甚也。

3. 人格建构与多元价值

乐毅的《报燕惠王书》真挚感人,齐国的蒯通和后来的主父偃读到此篇时,都泪流满面。"善作者不必善成,善始者不必善终"。乐毅是一个看透君臣相处之道的人,国君的气量不同,人臣所采取的态度和方法也就不同,不能一味地愚忠。

廉颇蔺相如列传第二十一

【导读】 本篇因廉颇、蔺相如、赵奢和李牧四人均有才干，忠心耿耿，皆为赵国股肱之臣，故将四人合写一篇，在浅显的文字和紧张的情节之中，凸显才人得失与国家兴亡之间的关系。

1. 提纲挈领

此篇是廉颇、蔺相如、赵奢、李牧等赵国几位将相的合传。

廉颇老矣

廉颇是赵国杰出的将领，骁勇善战，被封为上卿，凭着勇敢闻名于天下。长平之战前，秦相范雎使用反间计，使赵孝成王改派马服君赵奢的儿子赵括为统帅，替换了廉颇，导致了长平之战的惨败。赵悼襄王

肉袒负荆，摘自《马骀画宝》

时,派乐乘去代替廉颇,廉颇生气赶走了乐乘,无奈之下投奔魏国到了大梁,后任楚国将军,死在了楚国的国都寿春。

负荆请罪

蔺相如是赵国的上卿,他在和氏璧事件和渑池会上所表现出的智慧与胆识,为赵国赢得了尊严和利益,地位在廉颇之上,廉颇为此颇有怨言。蔺相如以国家利益为重,将个人恩怨放在其次,廉颇听闻后很感动,负荆请罪将相和,二人结为刎颈之交。

阏与之战

赵奢本是一个征收田赋的文官,平原君将他推荐给赵王,后被封为统帅,骁勇善战。有一次,秦国攻打赵国,包围了赵国的重镇阏与,赵奢出奇计,占据有利位置,俯击秦军,赢得了一场原本无法取胜的战争。其后,赵奢被封为马服君,在赵国的地位和廉颇、蔺相如一样。

名将李牧

李牧是赵国防守北部边疆的名将,善于与匈奴人周旋,保存实力。他抓住时机大破匈奴,灭掉了襜褴,打败了东胡,降服了林胡,匈奴单于也逃走了,匈奴人十余年不敢靠近赵国的边城。赵王迁七年(前229),

雁门纵牧,摘自《马骀画宝》

秦国派王翦进攻赵国,赵国派李牧和司马尚出战迎敌,赵王迁听信谣言杀了李牧,三个月后王翦出兵猛攻赵国,活捉了赵王迁,赵国遂灭亡。

2. 文字的魂

相如因持璧却立,倚柱,怒发上冲冠。(牛运震:写相如英气勃勃。)

以先国家之急而后私仇也。

以君之贵,奉公如法则上下平,上下平则国强,国强则赵固,而君为贵戚,岂轻于天下邪?

兵,死地也,而括易言之。使赵不将括即已,若必将之,破赵军者必括也。(牛运震:妙论,真仁人之言,不徒知兵。)

相如一奋其气,威信敌国,退而让颇,名重太山。(牛运震:赞语以短胜,沉悍绝伦。)

3. 人格构建与多元价值

"知死必勇,非死者难也,处死者难。"在对待死亡和抉择死与不死这件事上,蔺相如是一个智者。对待秦王,他"引璧睨柱,及叱秦王左右,势不过诛,然士或怯懦而不敢发",正气勃然而发;对待同朝为官者的廉颇,他"一奋其气,威信敌国,退而让颇,名重太山,其处智勇",谦逊礼让,其胸怀和勇气值得敬佩。

田单列传第二十二

【导读】 本篇主要写田单运用妙计、出奇兵,在即墨打败燕国军队收复齐国失地的过程,歌颂了田单的智谋和卓越功勋。

1. 提纲挈领

田单是齐国田姓王室的远房亲族。齐湣王时,田单在首都临淄的市场做管理员。燕昭王派乐毅攻破了齐国,田单也逃到了即墨,后来燕军打下了齐国所有的城池,只剩下莒、即墨两座城在坚守。

即墨百姓拥立田单为将,抵抗燕军。过了不久,燕昭王去世。田单知道燕惠王与乐毅

火牛破敌,摘自《马骀画宝》

有矛盾,就实施反间计,燕惠王上当,派骑劫代替了乐毅。田单率军打败了燕将骑劫,收复了被燕占领的七十多座城,并迎回了齐襄王主政。齐襄王封田单为"安平君"。

2. 文字的魂

田单知士卒之可用，乃身操版插，与士卒分功，妻妾编于行伍之间，尽散饮食飨士。

始如处女，敌人开户；后如脱兔，敌不及距。(牛运震：是兵家精奇语，引用亦恰合。)

忠臣不事二君，贞女不更二夫……国既破亡，吾不能存……生而无义，固不如烹。

兵以正合，以奇胜。

3. 人格构建与多元价值

清代吴见思说："田单是战国一奇人，火牛是战国一奇事，遂成太史公一篇奇文。"(《史记论文》)田单以火牛阵大破燕军，挽救了国家危亡，说明用兵要守正出奇。王蠋是齐国一介布衣，燕国人以重金请他做将军，但是他坚决不投降，自缢而死，以死激励国人，"生而无义，固不如烹"。

鲁仲连邹阳列传第二十三

【导读】 本篇为鲁仲连、邹阳的合传,二人年代相隔甚远,但均具有不屈不挠的精神,因此司马迁将二人合写一篇。

1. 提纲挈领

鲁仲连是齐国人,常有奇思妙计,志趣高洁而不愿做官,帮助赵国、齐国出了很多主意,又无所求。

邹阳是齐国人,在狱中上书梁孝王,抗直不屈。行文善用比喻,妙语层出不穷,梁孝王放他出来,成为上等门客。

鲁仲连,摘自《历代名臣像解》

2. 文字的魂

所贵于天下之士者，为人排患释难解纷乱而无取也。即有取者，是商贾之事也，而连不忍为也。

规小节者不能成荣名，恶小耻者不能立大功。

与人刃我，宁自刃。

吾与富贵而屈于人，宁贫贱而轻世肆志焉。

去感忿之怨，立终身之名；弃忿悁之节，定累世之功。是以业与三王争流，而名与天壤相弊也。

卞和献宝，楚王刖之；李斯竭忠，胡亥极刑。

白头如新，倾盖如故。

苏秦不信于天下，而为燕尾生；白圭战亡六城，为魏取中山。何则？诚有以相知也……两主二臣，剖心坼肝相信，岂移于浮辞哉！

众口铄金，积毁销骨。

晋文公亲其仇，强霸诸侯；齐桓公用其仇，而一匡天下。何则？慈仁殷勤，诚加于心，不可以虚辞借也。

3. 人格构建与多元价值

李景星说："鲁仲连、邹阳，中间相距百岁，时异代隔，绝无联络，而太史公合为一传，以其性情同也。"鲁仲连喜欢为人排忧解难而又不图回报，颇具侠义精神。人除了功名利禄还有内心的宁静与自由，鲁仲连是这个社会的"异者"，但他听从自己内心的声音，他的自由又有谁能懂呢？

屈原贾生列传第二十四

【导读】 本篇是屈原和贾谊的合传,二人均见识高迈、文采出众且忠心爱国,但都被谗见疏。司马迁对他们怀才不遇的悲剧人生寄寓了极大的同情。

1. 提纲挈领

屈原,名平,是楚王的同姓,为楚怀王左徒。他学识渊博,精通国家治乱的道理,善于外交。上官大夫嫉妒屈原的才能,挑拨屈原与楚怀王的关系,屈原被疏远、贬退。屈原劝阻楚怀王不要去秦国,怀王不听,进入秦国后被扣了起来,最后死在了秦国。怀王的大儿子楚顷襄王

屈原,摘自《历代名臣像解》

即位后,任用他的弟弟子兰为令尹。屈原虽被流放在外,仍念念不忘楚国的前途,期望能返回朝廷为国尽忠。他的家国情怀在作品中一再地表露出来,他却被楚顷襄王流放到更远的地方。

屈原忧愁苦闷地创作了《离骚》，在《离骚》中倾诉了对楚国命运和人民生活的关心。屈原流落到湘水边时写了《怀沙赋》，写完后便投汨罗江自杀了。

贾谊，摘自《历代名臣像解》

贾谊是洛阳人，汉文帝时的博士。文帝更改、订立法律条令和让列侯回到封地等措施，都是贾谊提出的。后来贾谊做了长沙王的太傅，渡过湘水时，作了一篇《吊屈原赋》。贾谊做长沙王太傅三年，有猫头鹰飞进了贾谊的房间，贾谊作了《鹏鸟赋》。一年多后贾谊被召入京，拜为梁怀王太傅。梁怀王是文帝的小儿子，又喜欢读书，就让贾谊做了他的师傅。几年后怀王坠马而死，贾谊伤心，一年后也死了。

2. 文字的魂

《国风》好色而不淫，《小雅》怨诽而不乱。（牛运震：二语深于说《诗》，妙于写《骚》。）

推此志也，虽与日月争光可也。（牛运震：高逸之调，飘飘欲仙。）

举世浑浊而我独清，众人皆醉而我独醒。

新沐者必弹冠，新浴者必振衣，人又谁能以身之察察，受物之汶汶者乎？

文质疏内兮，众不知吾之异采；材朴委积兮，莫知余之所有。

伯乐既殁兮，骥将焉程兮？人生禀命兮，各有所错兮。定心广志，余何畏惧兮？

祸兮福所倚，福兮祸所伏。

3. 人格构建与多元价值

屈原志趣高洁、行为廉正，把节操看的比生命更重要。司马迁和屈原是一类人，他读了贾谊的《鹏鸟赋》，读懂了贾谊对待生命和仕途的态度。屈原和贾谊的人生也不一定是场悲剧，按照自己精神世界而活的人，他们的快乐谁又能懂呢？

吕不韦列传第二十五

【导读】 本篇写吕不韦从一个投机商人到涉足政治乃至执掌秦国政权的过程,将吕不韦的商人天性刻画得入木三分。

1. 提纲挈领

奇货可居

吕不韦是韩国商人,家有千金之富。秦昭王四十二年(前265),秦昭王立他的第二个儿子安国君做了太子,安国君有个排行居中的儿子叫子楚,被秦国送到赵国做人质。此时吕不韦正在邯郸做生意,认识子楚后,就帮助子楚重金结交安国君、华阳夫人等各种关系,安国君就立子楚为嫡嗣。秦昭王五十六年(前250),昭王去世,太子安国君即位,是为秦孝文王。秦孝文王很快就去世了,子楚继承了王位即秦庄襄王。

相国仲父 吕氏春秋

庄襄王元年,任吕不韦为丞相,并封他为文信侯。庄襄王在位三年去世,太子政(秦始皇)继立为王,尊吕不韦为相国，恭敬地称他为"仲父"。此时魏国有信陵君，楚国有春申君，赵国有平原君，齐国有孟尝君，都以礼贤下士、招纳宾客而闻名。吕不韦认为秦国也应该这样做，就招贤纳士，食客达到了三千多人（包括李斯等人），吕不韦让门客把所知所会的动笔写出来，编辑成八览、六论、十二纪，共二十多万字，称其为《吕氏春秋》。

身败名裂　畏罪自杀

秦始皇十年（前237），免去了吕不韦的相国之位，下令让吕不韦到河南封地去。后来担心吕不韦闹出乱子，就让他搬到蜀国去，吕不韦知道自己的处境不妙，就喝毒酒自杀了。

2. 文字的魂

楚也以夫人为天，日夜泣思太子及夫人。（牛运震：缠绵有情态，音节极婉叹。）

以色事人者，色衰而爱弛。

以为备天地万物古今之事，号曰《吕氏春秋》。

3. 人格构建与多元价值

吕不韦善于迎合时机为自己谋取利益，是一个投机分子。他做事的起点和初心不好，其结果自然也不会好到哪里去。使命、愿景、价值观是一个人一生的修行。

刺客列传第二十六

【导读】 本篇写曹沫、专诸、豫让、聂政、荆轲等五人行刺事件,以曹沫和荆轲所行之事意义最大,尤其写荆轲最为精彩,超越了个人恩怨的局限性。

1. 提纲挈领

曹沫,春秋时刺客,是鲁国的将军,曾劫持齐桓公放弃占领鲁国的土地。

专诸,春秋时刺客,用"鱼肠剑"刺死吴王僚,帮助吴王阖闾登上王位。

豫让,春秋末年刺客,为报智伯知遇之恩,曾多次行刺赵襄子。

聂政,战国时刺客,曾刺杀韩国相国侠累。

豫让漆身,摘自《马骀画宝》

聂政,摘自《清刻历代画像传》　　荆轲,摘自《清刻历代画像传》

荆轲,战国末年刺客,用"图穷匕见"的办法刺杀秦始皇未成功。

2. 文字的魂

贪小利以自快,弃信于诸侯,失天下之援,不如与之。
士为知己者死,女为悦己者容。
明主不掩人之美,而忠臣有死名之义。
臣所以降志辱身居市井屠者,徒幸以养老母;老母在,政身未敢以许人也。
前日要政,政徒以老母;老母今以天年终,政将为知己者用。
臣闻骐骥盛壮之时,一日而驰千里;至其衰老,驽马先之。
"风萧萧兮易水寒,壮士一去兮不复还。"复为羽声慷慨,士皆瞋目,发尽上指冠。(牛运震:写渐离击筑,荆轲和歌,又绝妙一幅"易水悲歌图"。方知前写燕市悲歌，不为空设，正为此处引照耳。妙在用两层写，情状淋漓，音节凄古，真绝调也。极激昂慷慨事，却写得幽飒萧瑟，不是一味壮浪。）

图穷而匕首见。

事所以不成者，以欲生劫之，必得约契以报太子也。

3. 人格构建与多元价值

每个人内心都有一个侠者梦，除暴安良，伸张正义。司马迁也是一个侠义之人，只不过他手中的剑是一支笔。

李斯列传第二十七

【导读】 本篇写李斯从一介布衣到辅助秦始皇统一六国而位居三公的历史过程,最后写李斯在秦始皇死后陷入权力斗争而被诛的结局,颇有人生的借鉴意义。

1. 提纲挈领

辅政秦国

李斯是楚国人,跟随荀子学习帝王治理天下的学问,完成学业后决定西去游说秦王。他通过秦国丞相文信侯吕不韦引荐,在秦王跟前当了郎官。李斯动员秦王加快统一天下,完成帝业。李斯被拜为长史,很快又被任命为客卿、廷尉。二十多年后秦统一了天下,秦王成了皇帝,李斯也当了丞相。

沙丘密谋

秦始皇三十七年(前210),秦始皇在出巡途中于沙丘这个地方病逝了。公子胡亥、李斯、赵高改了遗书,让公子扶苏和蒙恬自杀,胡亥继承了皇位,为秦二世。

被害灭族

秦二世穷奢极欲,迅速激化了各类矛盾,置秦王朝于风雨飘摇之中。李斯多次想找机会劝劝秦二世,但秦二世都不听。赵高把持政权,李斯也见不到秦二世,便上书告发赵高的短处。秦二世信任赵高,也怕李斯杀掉他,就联合赵高把李斯交给郎中令查办。赵高逼迫李斯承认与他的儿子李由共同谋反,李斯受过了各种酷刑,在咸阳街市被腰斩,李斯的三族都被赵高杀光了。

2. 文字的魂

处卑贱之位而计不为者,此禽鹿视肉,人面而能强行者耳。

故诟莫大于卑贱,而悲莫甚于穷困。

物极则衰,吾未知所税驾也!

慈仁笃厚,轻财重士,辩于心而诎于口,尽礼敬士,秦之诸子未有及此者,可以为嗣。

夫高,故贱人也,无识于理,贪欲无厌,求利不止,列势次主,求欲无穷,臣故曰殆。

不道之君,何可为计哉!昔者桀杀关龙逢,纣杀王子比干,吴王夫差杀伍子胥。此三臣者,岂不忠哉,然而不免于死,所忠者非也。

吾欲与若复牵黄犬俱出上蔡东门逐狡兔,岂可得乎?

3. 人格构建与多元价值

李斯起于平民,帮助秦始皇统一了天下,自己也位列三公,但他不想修明政治,纠正君主的缺点,相反为了保住高官厚禄,随波逐流,阿谀奉承。

为官者的起点是为人民服务,李斯是一个精致的利己主义者,最后被灭三族也是自食恶果。

蒙恬列传第二十八

【导读】 本篇主要写以蒙恬为代表的蒙氏家族协助秦王统一天下,之后帮助朝廷驱逐匈奴、修建长城和秦直道以及驰道等事件,对蒙恬的功勋进行了肯定。

1. 提纲挈领

名将世家

蒙恬的祖父蒙骜从齐国来到秦国侍奉秦昭王,官至上卿。蒙恬的父亲蒙武任秦国的副将军,与王翦一起进攻楚国,杀死了项燕。蒙恬学习刑法,掌管刑狱文书。蒙恬的弟弟叫蒙毅。

筑秦长城　攻打匈奴

秦统一天下后,派蒙恬率兵三十万赶走北方的戎狄,收复黄河以南的土地。接着,修筑了西起临洮,东至辽东,绵延一万多里的长城。蒙恬又率领军队,渡过黄河,北行去征讨匈奴。大军经历风霜雨雪,在外奔走十多年,驻守在上郡。

蒙毅、蒙恬自杀

秦始皇于三十七年（前210）冬出巡会稽，到达沙丘时去世了。赵高、李斯密谋立胡亥为太子，之后派使者罗织罪名让公子扶苏和蒙恬自杀，随后又杀了蒙毅。

2. 文字的魂

轻虑者不可以治国，独智者不可以存君。诛杀忠臣而立无节行之人，是内使群臣不相信而外使斗士之意离也。

秦穆公杀三良而死，罪百里奚而非其罪也，故立号曰"缪"。昭襄王杀武安君白起，楚平王杀伍奢，吴王夫差杀伍子胥。此四君者，皆为大失，而天下非之。

秦之初灭诸侯，天下之心未定，痍伤者未瘳，而恬为名将，不以此时强谏，振百姓之急，养老存孤，务修众庶之和，而阿意兴功，此其兄弟遇诛，不亦宜乎？何乃罪地脉哉？（牛运震："阿意兴功。"此太史公深文，亦正其识力高处。"兄弟遇诛。"带顾蒙毅。）

3. 人格构建与多元价值

蒙恬和李斯一样都是有功之人，一为武官，一为文官。但秦刚刚灭掉诸侯，人心没有安定，受伤者没有痊愈。司马迁认为，蒙恬身为名将没有及时劝谏，与民修养，致力于建设百姓生活，反而迎合秦始皇大兴劳役，从临洮到辽东筑城墙、挖壕沟一万多里，兄弟被诛杀也是有原因的。这种思考也体现了司马迁的天人观。

张耳陈馀列传第二十九

【导读】 本篇为张耳、陈馀合传。二人本为生死之交,后因误会反目成仇,以致兵戎相见。司马迁对此颇为感慨。

1. 提纲挈领

生死之交

张耳、陈馀是大梁人,为刎颈之交。陈涉在蕲县起兵后,到达陈郡时兵马有好几万人了。张耳、陈馀就投奔了陈涉。陈涉安排武臣做将军,邵骚做护军,张耳、陈馀做左右校尉,率三千士兵北攻赵地。李良杀了武臣、邵骚后,张耳、陈馀逃走了。

张陈反目

张耳、陈馀集合随从的人马还有几万人,立了一个六国时代赵王的后代赵王歇,以道义辅佐他。张耳同赵王歇被章邯、王离围困于巨鹿城,陈馀驻扎在巨鹿城的北边,但却不敢进攻秦军。项羽破釜沉舟,大破章邯,俘王离,营救了赵国。张耳怨恨陈馀不进兵相救,陈馀生气地解下印绶,退给张耳,辞去将位,两人自此结下仇怨。

击杀陈馀

项羽立张耳为常山王,陈馀为侯爵。陈馀从齐王田荣那里借了一点兵力,袭击了常山王张耳,张耳只好投奔刘邦。汉高祖三年(前204),张耳和韩信大破赵军于井陉,在泜水上斩杀了陈馀。

刘邦之婿

汉高祖五年(前202),张耳去世,谥为景王。儿子张敖继位为赵王,刘邦的长女鲁元公主嫁给了赵王张敖。

2. 文字的魂

北有长城之役,南有五岭之戍,外内骚动,百姓罢敝,头会箕敛,以供军费,财匮力尽,民不聊生。

始吾与公为刎颈交,今王与耳旦暮且死,而公拥兵数万,不肯相救,安在其相为死!

天与不取,反受其咎。

3. 人格构建与多元价值

张耳、陈馀在贫贱时能共生死,同命运,等到发达时却又相互争斗,水火不容。是因为争名夺利吗?确实如此。百分之九十的朋友都过不了这一关。

吴太伯、公子季札和他们形成鲜明的对比。让与争,是人心中的一座大山,难以逾越。

附：

大雨行

[宋] 刘敞

日中骤雨海上来,悬流滂沱正奔猛。
坳堂旧乾不濡足,回头穿凿成方井。
炎凉更代如恍惚,明晦回环不俄顷。
地形天事无久长,何况人情足驰骋。
君不见张耳陈馀刎颈交,中道相捐岂终永。

魏豹彭越列传第三十

【导读】 本篇为魏豹和彭越的合传,但写魏豹事少,重点写彭越。司马迁通过叙述彭越协助刘邦灭项羽的一系列战争,记录了其对汉朝的功绩。

1. 提纲挈领

魏豹、彭越在推翻秦王朝的过程中和后来的楚汉战争中,都在魏地有过重要的活动。

封西魏王

魏豹是前魏王的公子。在反秦过程中,楚怀王给了魏豹几千人,让他收复魏地。等项羽在巨鹿城中大破秦军,迫使章邯投降后,魏豹已经取得魏地二十多座城池。楚怀王立魏豹为魏王,随后魏豹又随项羽一同入了关。汉高祖元年(前206),项羽分封诸侯,自己想占大梁一带,就把魏王豹的封地换到了河东,称为西魏王。

韩信奇袭魏豹

魏豹后来归顺了刘邦。荥阳之战后,魏豹误判了形势,请假回河东探亲,回国后随即封锁黄河,背叛了刘邦。于是刘邦派韩信出兵河东,在夏阳用木罂缶渡河,俘虏了魏豹,让他镇守荥阳。后来楚兵围困荥阳,汉将周苛就把魏豹杀了。

追随汉王

彭越,字仲,曾在巨野泽中打渔,当土匪。陈胜、项梁起兵时,彭越也揭竿而起。汉高祖二年(前205)春,彭越率三万人在外黄归属了刘邦,刘邦任命彭越做了魏王的相国,独立率军开拓,镇守旧日梁国的地域。刘邦在固陵被楚军打败,有感于各路将军人马不听从他的调遣,就听从了张良的建议,和彭越约定:一旦打败了项羽,睢阳以北到谷城都给彭越,让他称王。结果彭越立即率领全部人马与刘邦会师于垓下,打败楚军。刘邦遂封彭越为梁王,建都定陶。

刘邦称帝后,彭越被认为造反叛乱,整个家族被灭,封国也废除了。

2. 文字的魂

人生一世间,如白驹过隙耳。今汉王慢而侮人,骂詈诸侯群臣如骂奴耳,非有上下礼节也,吾不忍复见也。

3. 人格构建与多元价值

魏豹、彭越始于卑贱,后又开疆扩土称王。他们怀有谋逆之意,但在失败后不去自杀,而选择坐牢受辱,这是为什么呢?是因为他们的生死观和我们不一样,他们认为自己是能够再干一番事业的,只要有一口气,他们就会全力以赴,为了信念，他们宁做囚徒也在所不惜。

人的生命是有自我定义价值的，司马迁在不同的事例中反复说明了这一点。

黥布列传第三十一

【导读】 本篇写黥布的曲折一生。他先是在项羽手下出征灭秦而封王,继而被人劝说投奔刘邦,在韩信死后又因反刘邦而被杀。司马迁在篇中暗示黥布谋反乃是刘邦逼迫。

1. 提纲挈领

封九江王

黥布姓英,平民出身。他追随项羽,在巨鹿之战中袭击章邯,入函谷关。作为项羽的先锋,打头阵的黥布总能够以少胜多。等项羽分封诸侯时,黥布被封为九江王,建都在六县。黥布听从项羽的吩咐暗中袭击义帝,在郴县将义帝杀害。

背楚投汉

汉高祖二年(前205),齐王田荣背叛了项羽。在项羽征讨田荣的过程中,黥布只派了手下带领几千人跟随项羽,彭城之战中黥布也没有援救项羽。因为项羽当时首先要对付的是北面的齐国、赵国和西面的刘邦,同盟军只剩下一个黥布了,所以就暂时没有对黥布使用武力。

后来，刘邦策反黥布归汉。汉高祖四年（前203），刘邦封黥布为淮南王。五年（前202），黥布劝诱项羽大司马周殷归汉，配合九江郡内军队大破项羽于垓下。

被逼谋反　兵败被诛

高祖十一年（前196），吕后杀了淮阴侯韩信，同年又杀了梁王彭越。黥布担心自己会重蹈韩信、彭越的覆辙，开始暗中调集军队起兵造反。刘邦亲自率兵战黥布，黥布兵败，逃到了江南，被吴芮的儿子长沙王吴臣所杀，黥布满门被灭。

2. 文字的魂

此皆为身，不顾后。（牛运震：看透一时功臣伎俩。）

3. 人格构建与多元价值

吕后曾经称赞黥布为"天下之猛将"，夸其"善用兵"，然而黥布既是一位不可多得的良将，同时也是一个残忍暴力的杀戮者。项羽在战争中曾坑杀活埋过数十万人，而黥布是首恶。这些枭雄无后天修养和自律意识，刚愎自用、心胸狭窄，自取灭亡也是必然的。

淮阴侯列传第三十二

【导读】 本篇写韩信一生曲折经历,从幼小孤贫到追随项羽,再到投奔刘邦,最终命殒。司马迁主要赞赏韩信的助刘灭项之功,对他屡次受骗以致最终被罗织罪名惨遭杀戮表示同情与惋惜。

1. 提纲挈领

弃楚归汉　登坛拜将

淮阴侯韩信是淮阴人,曾在项羽门下做郎中。他多次给项羽献计献策,项羽都未采用。后来刘邦被封为汉王,韩信离开项羽投奔了刘邦。韩信曾与萧何多次谈话,很受萧何赏识。韩信见萧何多次向刘邦推荐自己却始终未得重用,就偷偷跑了,萧何闻讯来不及向刘邦报告,就立刻去追韩信,后来刘邦任命韩信为大将。

韩信,摘自《历代名臣像解》

登坛拜将,摘自《马骀画宝》

计定三秦　战功卓著

韩信制定"汉中对策",设计还定三秦之计。刘邦兵败彭城后,韩信击破楚军于京、索之间,后平定魏国,请命北伐拿下代国,背水一战,击败赵国,又派人降服燕国。后来,韩信奉命攻打齐国,全歼龙且二十万楚军。

自视甚高　悲情功臣

韩信带兵会师垓下,围歼楚军。项羽死后,他被解除兵权,改封为楚王。后来韩信因为被人诬告,贬为淮阴侯。吕后与萧何合谋,将韩信谋杀于长乐宫钟室,夷灭三族。

韩信作为统帅,擒魏、取代、破赵、胁燕、击齐、灭楚。名闻海内,威震天下。作为军事理论家,韩信著有兵书三篇。

2. 文字的魂

至如信者，国士无双。王必欲长王汉中，无所事信；必欲争天下，非信无所与计事者。

吾闻兵法十则围之，倍则战。

陷之死地而后生，置之亡地而后存。

智者千虑，必有一失；愚者千虑，必有一得。

善用兵者不以短击长，而以长击短。（牛运震：二语精妙，作用极深。）

臣事项王，官不过郎中，位不过执戟，言不听，画不用，故倍楚而归汉。汉王授我上将军印，予我数万众，解衣衣我，推食食我，言听计用，故吾得以至于此。

今足下戴震主之威，挟不赏之功，归楚，楚人不信；归汉，汉人震恐。

狡兔死，良狗烹；高鸟尽，良弓藏；敌国破，谋臣亡。

上问曰："如我能将几何？"信曰："陛下不过能将十万。"上曰："于君何如？"曰："臣多多而益善耳。"上笑曰："多多益善，何为为我禽？"信曰："陛下不能将兵，而善将将，此乃信之所以为陛下禽也。"

3. 人格构建与多元价值

范蠡、张良看透君臣之道，功成名就时，全身而退。韩信自恃有功，在不合适的时间做不合适的事情，结果被杀，宗族也被灭了。

韩信卢绾列传第三十三

【导读】 本篇是韩王信、卢绾、陈豨三个人的合传。司马迁在篇中对韩王信和卢绾的侥幸富贵颇有微词,对他们勾结匈奴叛乱的人生遭遇表示惋惜;赞扬了陈豨模仿魏公子礼贤下士的行为,对其最终的人生选择也寄予同情。

1. 提纲挈领

被封韩王

韩王信是韩襄王的庶孙。刘邦率兵进攻阳城时,派张良以韩国司徒的名义开辟韩国故地,找到了韩王的后代韩信。刘邦任命他为韩国将军,随刘邦西进武关。当刘邦回师北上,平定三秦的时候,任命韩王信为韩国太尉,率军攻取韩国,后立其为韩王。

荥阳之战后韩王信投降了项羽,后来又逃离项羽回到刘邦身边,参与楚汉战争,直至灭楚,天下归汉。

投靠匈奴

刘邦称帝后与韩信剖符为誓,封他为韩王,封地颍川。

后来韩王信移都马邑,因与匈奴冒顿呼派使臣谈和,被朝廷怀疑、斥责,就投降了匈奴,将马邑献给匈奴。汉高祖十一年(前196)春,韩王信同匈奴骑兵入侵参合,汉将柴武大败匈奴军,将韩信斩首。

独得恩宠　君臣反目

卢绾是沛县丰邑人,是高祖刘邦儿时的好友。位列将军、太尉、长安侯、燕王。后来因为自保与匈奴、代郡陈豨互派密使,为陈豨长期与朝廷抗衡出谋划策,高祖派樊哙率军征讨,卢绾逃亡匈奴。

陈豨造反　自立为王

陈豨是宛朐人,随高祖起事。汉高祖七年(前200),韩王信造反,北逃匈奴。高祖从平城班师回京后,封陈豨为列侯,命他以代国相国的身份统领赵、代两国的边兵,北部边境的军队都归他指挥。

汉高祖十年(前197)九月,陈豨与王黄等造反,自立为代王,高祖得知后亲自前往镇压。十一年(前196)十二月,太尉周勃平定了太原、代地。十二年(前195)冬,樊哙率军追剿陈豨残部,在灵丘将陈豨斩首。

2. 文字的魂

荥阳之事,仆不能死,囚于项籍,此一罪也。及寇攻马邑,仆不能坚守,以城降之,此二罪也。今反为寇将兵,与将军争一旦之命,此三罪也。夫种、蠡无一罪,身死亡;今仆有三罪于陛下，而欲求活于世，此伍子胥所以偾于吴也。今仆亡匿山谷间，旦暮乞贷蛮夷，仆之思归，如痿人不忘起，盲者不忘视也，势不可耳。

韩王信、卢绾非素积德累善之世，徼一时权变，以诈力成功，遭汉初定，故得列地，南面称孤。

陈豨，梁人，其少时数称慕魏公子；及将军守边，招致宾客而下士，名声过实。周昌疑之，疵瑕颇起，惧祸及身，邪人进说，遂陷无道。

3. 人格构建与多元价值

韩王信、卢绾不是踏踏实实积德累善之人，他们在乱世中靠着欺诈和武力建功，很难恪守君臣之道，与夷狄结援，最后都亡命匈奴。修身是一生的旅程，丝毫松懈不得。

田儋列传第三十四

【导读】 本篇写齐国田氏后裔田儋、田荣、田横在秦朝末年割据称王的兴衰史,揭示了田氏对刘邦灭项起到的促进作用,表达了对田横五百壮士的敬佩之情。

1. 提纲挈领

此篇记述了战国时期齐国国君田氏的后代田儋、田荣、田横三兄弟,在秦灭、楚汉战争以及汉初复杂的局面中,立国立身的故事。

复辟齐国

陈胜刚在楚地造反称王时,田儋也自立为齐王,平定了齐国原有的全部领土。为救魏王咎,田儋被章邯所杀,后来田荣改立田儋的儿子田市为齐王,田荣做相,田横做将军,进一步平定了齐国。

楚齐之战

项梁救了田荣,但田荣没有出兵相救楚军,导致楚军兵败,项梁被杀。项羽因此记恨田荣,所以灭掉秦朝后,项羽在分封各路首领为王为侯的时候没有封田荣为王。当时赵将陈馀也因与张耳斗气放弃了将军的职位,因此也没被封王,两个人都怨恨项羽。

田荣把项羽所封的齐王(田都)、济北王(田安)、胶东王(田市)全部赶走,把齐、胶东、济北三个国家的地盘全部归为己有。项羽听到消息后大发雷霆,亲自率军北上讨伐,打败了田荣,田荣出逃后被平原人杀掉。田横拥立田广为齐王,自己做相,趁着项羽和刘邦彭城、荥阳之战的时间收复了齐国的全部城邑。

守义不辱

后来韩信攻入齐国,被封为齐王,田横战败归附了彭越。刘邦当了皇帝后,田横怕被杀,就和五百多个属下逃到海岛上去了。刘邦赦免田横的罪过并召他进京,田横却在离洛阳三十里的驿站自杀了。

2. 文字的魂

蝮螫手则斩手,螫足则斩足。

横始与汉王俱南面称孤,今汉王为天子,而横乃为亡虏而北面事之,其耻固已甚矣。且吾烹人之兄,与其弟并肩而事其主,纵彼畏天子之诏,不敢动我,我独不愧于心乎?

且陛下所以欲见我者,不过欲一见吾面貌耳。今陛下在洛阳,今斩吾头,驰三十里间,形容尚未能败,犹可观也。遂自刭,令客奉其头,从使者驰奏之高帝。

田横之高节,宾客慕义而从横死。

3. 人格构建与多元价值

士为知己者死,女为悦己者容。在人性的影响力法则之中,有一种对高尚人格的追随行为。田横节操高尚,宾客们敬慕田横,以至于为田横殉葬,刘邦听说这件事后都大吃一惊。

樊郦滕灌列传第三十五

【导读】 本篇为樊哙、郦商、夏侯婴、灌婴的合传,四个人均为西汉开国元勋,在灭秦灭楚过程中均有功劳,或挽救刘邦性命,或匡扶刘氏政权。本篇作者据王国维、顾颉刚等考证,为司马迁的父亲司马谈。

1. 提纲挈领

鸿门功臣　屡建战功

樊哙,以杀狗卖肉为生,和刘邦是连襟,骁勇善战,功勋卓著。鸿门宴时出面营救刘邦。汉初担任左丞相,被册封舞阳侯,参与平定臧荼、卢绾、陈豨、韩王信等行动。刘邦去世前,安排陈平处死樊哙,没有实现。

鸿门闯宴,摘自《马骀画宝》

战功卓著

郦商早期追随刘邦,以将军身份随高祖大败燕王臧荼,被加封为右丞相。后率军讨伐陈豨,随高祖征讨黥布,被封为曲周侯。

义救惠帝

夏侯婴追随高祖从沛县起事,屡建战功,被赐爵昭平侯。楚汉战争中汉惠帝与鲁元公主几乎被楚军所俘,赖其保全,协助高祖除去了臧荼、韩信、陈豨、黥布等异姓王侯。刘邦死后,继续以太仆之职侍奉汉惠帝、吕后和汉文帝。

西汉名相

灌婴曾是睢阳卖丝绸的商贩,他追随刘邦由汉中进关中时,参与了攻塞王司马欣、围雍王章邯等军事行动。垓下之战中率将士五人共同杀了项羽,后以车骑将军的身份相继参加了平定臧荼、韩王信、陈豨、黥布的作战。吕后死后,他与周勃拥立文帝有功,升为太尉。汉文帝三年(前177),灌婴继周勃为相。

2. 文字的魂

臣死且不辞,岂特卮酒乎!且沛公先入定咸阳,暴师霸上,以待大王。大王今日至,听小人之言,与沛公有隙,臣恐天下解,心疑大王也。(杨慎曰:"臣恐天下解,心疑大王也",可为删润之祖,纪传两载不相犯,最是奇俊。)

始陛下与臣等起丰沛，定天下，何其壮也！今天下已定，又何惫也！且陛下病甚，大臣震恐，不见臣等计事，顾独与一宦者绝乎？且陛下独不见赵高之事乎？

3. 人格构建与多元价值

樊哙、郦商、夏侯婴、灌婴都是平民百姓，当他们挥刀杀狗、买卖丝绸的时候，哪能想到他们日后辅佐高祖打天下，封侯拜相，泽及子孙呢？所以我们选择和谁同行真的很重要。

附：

贤者之孝二百四十首·郦寄

[南宋] 林同

直以劫父故，蒙他卖友名。

闲将诛吕论，非勃亦非平。

张丞相列传第三十六

【导读】 本篇为文帝、景帝和武帝朝太平时期的几位丞相和御史大夫的合传,刻画了他们"娓娓廉谨"的形象。

1. 提纲挈领

此篇以人物语言和行动表现人物性格,记述了西汉初年文臣张苍、周昌、任敖、申屠嘉四位大臣的事迹,体现了司马迁在运用语言方面的深厚功力,展现了汉初的历史画卷。

2. 文字的魂

昌尝燕时入奏事,高帝方拥戚姬,昌还走,高帝逐得,骑周昌项,问曰:"我何如主也?"昌仰曰:"陛下即桀纣之主也。"于是上笑之,然尤惮周昌。

多有贤圣之才,困厄不得者众甚矣。(牛运震:赞语简质,亦自抑扬有神。)

3. 人格构建与多元价值

本文记述了文帝到武帝时期一群丞相,又连带叙述了几个御史大夫的事迹。在这群人中,周昌、申屠嘉是司马迁着重表现的人物，他们虽然有"刚直""守节"之称，但是却无端地举报、诋毁他人，品行似乎也并不像传闻中那样高尚。这群人生活在太平安稳的时期，庸庸碌碌，不思进取，没有什么明显的功业和政绩，是无法与萧何、曹参等这样的建国功臣相比的。

郦生陆贾列传第三十七

【导读】 本篇为郦食其、陆贾和朱建的合传。此三人均以善辩著称,口才极好,司马迁刻画的形象凛凛然如在眼前。

1. 提纲挈领

此篇在人物形象刻画方面很传神,表现了谋臣在历史进程中的作用、意义和价值,也反映出刘邦多元用人的价值取向和胸怀。

屡献妙计

郦食其,喜欢读书,胸有大志,是个落魄的书生,桀骜不驯,爱喝酒,县里人称其为"狂生",自称高阳酒徒。刘邦攻打陈留时跟随刘邦,献计攻克陈留郡,贡献了大批军粮,被封为广野君。他出面劝降秦国守将,辅佐刘邦攻破武关,率先攻破咸阳。楚汉相争时,他又建议夺取荥阳,占据敖仓,夺取有利据点和粮食补给。郦食其奉命出使齐国,劝齐王田广以七十城归顺,但是淮阴侯韩信趁机攻打齐国,导致郦食其被齐王田广烹杀。

说服南越　著述《新语》

陆贾早年追随刘邦,因能言善辩常出使诸侯。刘邦和文帝在位期间,他两次出使南越,说服尉他,使尉他臣服汉朝,对安定汉初局势做出了极大的贡献。吕后时,他与陈平、周勃等人共同诛杀吕氏家族。著有《新语》十二篇等。

行不苟合

平原君朱建是楚人,当过淮南王黥布的丞相,他明确反对黥布造反,并进行规劝。朱建廉正刚直,重操守,与陆贾交好,曾为辟阳侯出谋划策。汉文帝得知朱建曾营救过与吕氏家族交好的辟阳侯,就派狱吏去抓朱建,想给他定罪,朱建因此自杀。

2. 文字的魂

王者以民人为天,而民人以食为天。

两雄不俱立,楚汉久相持不决,百姓骚动,海内摇荡,农夫释耒,工女下机,天下之心未有所定也。

降城即以侯其将,得赂即以分其士,与天下同其利,豪英贤才皆乐为之用。

项王有倍约之名,杀义帝之负;于人之功无所记,于人之罪无所忘;战胜而不得其赏,拔城而不得其封;非项氏莫得用事;为人刻印,刓而不能授;攻城得赂,积而不能赏;天下畔之,贤才怨之,而莫为之用。

举大事不细谨,盛德不辞让。而公不为若更言!

中国之人以亿计,地方万里,居天下之膏腴,人众车舆,万物殷富,政由一家,自天地剖泮未始有也。

天下安,注意相;天下危,注意将。将相和调,则士务附;士务附,天下虽有变,即权不分。为社稷计,在两君掌握耳。(牛运震:数语意思正大深远,不特一时安刘良画,实为千古谋国名言。连用峭语,敦古道劲,经书中最有典制句法。)

3. 人格构建与多元价值

郦生、陆贾是汉初著名的雄辩者和外交家,他们对汉朝的建立做出过重要的贡献。郦生虽然表面看上去桀骜不驯,好似"狂人",实则有勇有谋。陆贾既是出色的辩士,又是能够看清天下局势的智者。他们不只是普通的辩士,更是具有独特的人格魅力和人格精神的人。

傅靳蒯成列传第三十八

【导读】 本篇写刘邦的三位近卫侍从傅宽、靳歙和蒯成侯周緤,前两人战功较多,周緤战功较少但与刘邦关系亲密,故三人合写。

1. 提纲挈领

傅宽、靳歙和周緤三人均没有突出的战功,他们随侍刘邦,对刘邦忠心不二,唯命是从,因此也难说有鲜明的个性。正是因为对君王的忠心,三人最后得到超出常人的封赏。司马迁对此只能用"天授"来委婉表达自己的看法。

2. 文字的魂

始秦攻破天下,未尝自行。今上常自行,是为无人可使者乎?(牛运震:柔媚语,口吻极肖。)

蒯成侯周緤操心坚正,身不见疑,上欲有所之,未尝不垂涕,此有伤心者然,可谓笃厚君子矣。

3. 人格构建与多元价值

阳陵侯傅宽、信武侯靳歙跟随高祖从山东起兵,一路拼搏斩杀而不曾遭到挫折和困厄，终至拜将封侯。蒯成侯周緤操行正派，性格坚定，所行不疑，可以称得上是诚信君子。这些人虽然没有过高的功劳和独特的个性，但是他们能够做好分内之事，以自己的忠诚和责任心而得以善终。

刘敬叔孙通列传第三十九

【导读】 本篇写刘敬和叔孙通在西汉建立后建议建都关中以及制订礼乐制度方面的事情,借此可以了解西汉初期的制度建设和文化倾向。

1. 提纲挈领

此篇是汉初两位重臣刘敬、叔孙通的合传。

定都建言

娄敬,因刘邦赐姓改名刘敬,向刘邦力陈都城不宜建在洛阳而应建在关中的建议。他建议大汉与匈奴和亲,长远解决与匈奴之间的矛盾,并迁徙六国后裔和强宗豪族十余万人到关中,以增强汉王室的实力,同时削弱地方诸侯,"此强本弱末之术也"。

制定礼法

叔孙通,秦二世时被封为博士,他见秦朝将要灭亡,就逃回薛城旧地,先后依附项梁、楚怀王、项羽、刘邦等人。刘邦一统天下后,叔孙通为大汉制定朝仪。汉高祖九年(前

198），叔孙通被任命为太子太傅。十二年（前196），刘邦欲废太子刘盈，叔孙通以不合礼仪的理由进行劝阻。汉惠帝刘盈即位后，采用他制定的宗庙仪法及其他仪法。司马迁尊叔孙通为汉家儒学一代宗师。

2. 文字的魂

有德则易以王，无德则易以亡。

及周之盛时，天下和洽，四夷乡风，慕义怀德，附离而并事天子，不屯一卒，不战一士，八夷大国之民莫不宾服，效其贡职。

礼者，因时世人情为之节文者也。（牛运震：此语却得礼意，后世言礼者，当宗此旨。）

千金之裘，非一狐之腋也；台榭之榱，非一木之枝也；三代之际，非一士之智也。（牛运震：宽语作引，极大样。）

大直若诎，道固委蛇。

3. 人格构建与多元价值

刘敬建议刘邦定都关中，叔孙通为大汉制定了礼乐制度，他们都为汉朝的初建做出了一定的贡献。刘敬本来是戍卒出身，来自社会底层，但是他却具有清醒的头脑和长远的眼光。叔孙通虽然是儒者，但是他能够看清时代的潮流趋势，随势而变，并不做顽固刻板的"腐儒"，他们二人都能在时代的浪潮中抓住机遇，从而获得成功。

季布栾布列传第四十

【导读】 本篇是季布和栾布的合传。季布原为项羽部下,栾布原为藏荼部下,二人后来均投奔刘邦。司马迁对季布的不轻死而欲有所为和栾布的不畏死均予以赞扬。

1. 提纲挈领

季布在困辱时刻能够隐忍,是忍辱偷生的典范;栾布忠于故主,敢于冒死,是一个有义气的人。

直言敢谏　季布一诺

季布是项羽的将领,曾经好几次把刘邦逼得无路可走,等项羽失败身亡后,刘邦就用千金悬赏捉拿季布,季布甘愿身为奴隶。在汝阴侯夏侯婴的帮助下,季布得到了刘邦的赦免,并被任命为郎中。季布性格耿直,当众驳斥了樊哙攻打匈奴的计划。他为人忠信,百姓传言"得黄金百,不如得季布一诺"。

义哭彭越　忠肝义胆

栾布是梁国人,与彭越是好友,做过梁国的大夫。彭越被刘邦调进京城并以谋反之罪处死的时候,栾布正在奉彭越之命出使齐国。刘邦杀了彭越后,把他的首级挂在了洛阳的街头,并下令谁敢收葬他,就逮捕谁。栾布从齐国回来后就跪到了彭越的人头下面汇报出使的情况,并祭奠他。刘邦因此想煮了栾布,栾布据理力争,肯定了彭越的功绩。刘邦被栾布的忠诚打动,就免了栾布的死刑,并任命他做了都尉。汉文帝时,栾布做了燕国的丞相,后来又做了朝廷的将军。

2. 文字的魂

今上始得天下,独以己之私怨求一人,何示天下之不广也!

夫陛下以一人之誉而召臣,一人之毁而去臣,臣恐天下有识闻之有以窥陛下也。

得黄金百,不如得季布一诺。

今陛下一征兵于梁,彭王病不行,而陛下疑以为反,反形未见,以苛小案诛灭之,臣恐功臣人人自危也。今彭王已死,臣生不如死,请就烹。(牛运震:语带恐喝,妙有劫持。)

穷困不能辱身下志,非人也;富贵不能快意,非贤也。(牛运震:亦似为季布写照者。)

彼必自负其材,故受辱而不羞,欲有所用其未足也,故终为汉名将。贤者诚重其死。夫婢妾贱人感慨而自杀者,非能勇也,其计画无复之耳。

栾布哭彭越,趣汤如归者,彼诚知所处,不自重其死。(牛运震:两处钩应关照紧凑,有结构。)

3. 人格构建与多元价值

季布身经百战，无数次斩将拔旗，却又忍气吞声甘为奴隶。季布"苟且偷生，忍辱负重"，是因为相信自己的才能，他等待机会发挥才干，终成大汉名将。

栾布哭彭越，他看着汤锅如同回家一样，他明白要死得其所，而不是吝惜自己的生命。他有自己的价值准则，他的行为又岂能是那些语言慷慨激昂的人所能比的！

袁盎晁错列传第四十一

【导读】 本篇写袁盎和晁错各自不同的政绩,肯定了他们对稳固西汉政权所起到的作用,同时又写了他们之间的倾轧及最终双双送命的经过,隐约有批评之意。二人结怨寻仇,故合传一篇。

1. 提纲挈领

袁盎和晁错都是仗义执言的忠臣。

直言进谏　遇刺身亡

袁盎是楚国人,字丝,汉文帝时任中郎,齐国、吴国丞相。袁盎总爱直言劝谏,批评也帮助过丞相周勃,提醒过文帝淮南王刘长骄奢傲慢,有反叛的苗头。他以太常的身份出使吴国,希望平息吴王刘濞的叛乱,后来死里逃生回到长安。袁盎曾阻止汉景帝答应梁孝王继承皇位,梁孝王因此记恨袁盎,派刺客杀死了袁盎。

力主削藩　东市被诛

晁错通晓文献典籍,又随秦朝博士伏生学过《尚书》,文帝先后任命他为太子舍人、门大夫、太子家令。太子(景帝)

很欣赏晁错的学识和主张，对他的器重超过了三公九卿。晁错力主削弱诸侯势力，加强中央政权，提出削藩策。后来，吴、楚七国叛乱是以"清君侧，诛晁错"为借口而发动的，窦婴、袁盎等人因怨恨晁错苛刻严峻而劝景帝杀了晁错。晁错在不知情的情况下，穿着一套上朝的礼服被景帝在长安东市腰斩了。后来吴楚并没有退兵，景帝也后悔杀了晁错。

2. 文字的魂

上日闻所不闻，明所不知，日益圣智；君今自闭缄天下之口而日益愚。夫以圣主责愚相，君受祸不久矣。

一旦有急叩门，不以亲为解，不以存亡为辞，天下所望者，独季心、剧孟耳。

天子不尊，宗庙不安。（牛运震：弄笔极潇洒爽便，然他手为之，未有不轻且佻者。）

夫晁错患诸侯强大不可制，故请削地以尊京师，万世之利也。计画始行，卒受大戮，内杜忠臣之口，外为诸侯报仇，臣窃为陛下不取也。

袁盎……仁心为质，引义慷慨……好声矜贤，竟以名败。
变古乱常，不死则亡。

3. 人格构建与多元价值

袁盎个性正直有胆识，但"好声矜贤"；晁错颇具政治才干，但又刻薄少恩。二人皆为汉初名臣，但是却利用自己手中的权力公报私仇，互相倾轧，意气用事，缺少像蔺相如那般宽容、谦逊的胸襟和气度，最终都不得善终。

张释之冯唐列传第四十二

【导读】 本篇为张释之与冯唐的合传。张、冯二人侍奉汉文帝,敢于犯颜直谏,而文帝也有采纳的雅量,君臣之间,颇为和谐。有学者以为本篇乃司马谈手笔。

1. 提纲挈领

张释之、冯唐是耿直为官者的代表。

执法公正

张释之字季,西汉法学家。汉文帝时,张释之捐官出任骑郎,十年未得升迁,后经袁盎推荐,任谒者。因向文帝陈说秦汉兴亡之道,而被任命为谒者仆射,后升任廷尉。他严于执法,当皇帝的诏令与法律发生抵触时,仍能执意守法,以执法公正不阿闻名,百姓赞"张释之为廷尉,天下无冤民"。汉景帝即位后,因张释之曾弹劾为太子时的景帝"过司马门不下车",所以景帝将张释之改派为淮南王相。

借古喻今 冯唐之论

冯唐以孝顺、直率、年岁大而闻名。文帝时曾任中郎署长、车骑都尉等职,直言汉文帝"法太明,赏太轻,罚太重",并用赵王迁和李牧的故事举例子,对比论述云中太守魏尚的功过是非。文帝赏识冯唐,任命其为车骑都尉,景帝即位后冯唐被任命为楚相。

2. 文字的魂

廷尉,天下之平也,一倾而天下用法皆为轻重,民安所措其手足?

公奈何众辱我,独无间处乎?鄙人不知忌讳。

上古王者之遣将也,跪而推毂,曰阃以内者,寡人制之;阃以外者,将军制之。军功爵赏皆决于外,归而奏之。

赏赐决于外,不从中扰也。委任而责成功,故李牧乃得尽其智能,……是以北逐单于,破东胡,灭澹林,西抑强秦,南支韩、魏。

终日力战,斩首捕虏,上功莫府,一言不相应,文吏以法绳之。

臣愚,以为陛下法太明,赏太轻,罚太重。(牛运震:三句收锁好。)

不偏不党,王道荡荡;不党不偏,王道便便。(牛运震:引《书》不甚切,却有妙旨。)

3. 人格构建与多元价值

冯唐易老,李广难封。张释之、冯唐都是直率的厚道人,做事不投机取巧,有自己的价值准则,他们的言论可以写在朝廷与宗庙的墙壁上,他们的人品也是受大家敬重的。张释之、冯唐是为官者的榜样。

万石张叔列传第四十三

【导读】 本篇为石奋及其四子和张叔的合传,并连带写卫绾、直不疑和周文等人。因石奋及其四子五人俸禄总为一万石,故称石奋为"万石君"。诸人皆有恭谨之德,故合而写之。

1. 提纲挈领

万石君石奋、建陵侯卫绾、塞侯直不疑、郎中令周文、御史大夫张叔都忠诚厚道,谨慎工作。

2. 文字的魂

仓廪既空,民贫流亡,而君欲请徙之,摇荡不安,动危之,而辞位,君欲安归难乎?

郎官有谴,常蒙其罪,不与他将争;有功,常让他将。上以为廉,忠实无他肠,乃拜绾为河间王太傅。

君子欲讷于言而敏于行。

3. 人格构建与多元价值

石奋、卫绾、直不疑、周文、张叔虽拙于言辞,但行动力强,也是厚道的君子。厚道、真诚是很难得的品行,遇到这样的朋友、伙伴,请好好珍惜。

田叔列传第四十四

【导读】 本篇主要写田叔的公而忘私、正义敢言,塑造了一个有才干、有操守的仁者形象。篇末附带写其子田仁,褚少孙又补田仁与任安事于其后,因二人均受到巫蛊事件影响而送命。

1. 提纲挈领

田叔、任安都有气节,有棱角,洁身自好,他们任高官握重权也能秉公而行。

田叔忠孝　田仁被杀

田叔是齐国田氏的后裔,赵丞相赵午将田叔推荐给赵王张敖,被任为郎中。后经张敖举荐,田叔被刘邦任命为汉中郡守。文帝时,田叔劝谏文帝重新起用云中郡守孟舒。景帝时,梁孝王派人刺杀了前吴王丞相袁盎,田叔对此事处理得当,景帝赞美他的仁德,任命他为鲁相。他的儿子田仁在武帝时期任京辅都尉,后来戾太子被诬为图谋不轨,左丞相带兵讨伐他,田仁放走了太子,被杀。

任安无奈　左右为难

任安年轻时贫穷，后来做了大将军卫青的舍人，在卫青的举荐下当了郎中，后任益州刺史。武帝征和二年（前91），朝中发生巫蛊之祸，江充诬陷戾太子刘据，戾太子发兵诛杀了江充等人，与丞相刘屈氂军大战于长安。当时任安担任北军使者护军，他接受了戾太子要他发兵的命令，但又按兵不动，事后汉武帝认为他要坐观成败，有不忠之心，论罪当斩。任安在几年前曾写信给司马迁，希望他"尽推贤进士之义"，直到任安入狱临刑前，司马迁才写了那封著名的回信《报任安书》。

2. 文字的魂

少子仁不受也，曰："不以百金伤先人名。"（牛运震：句极冷峭，回顾刻廉自喜，意致萧疏淡远。）

不知其君视其所使，不知其子视其所友。

今徒取富人子上之，又无智略，如木偶人衣之绮绣耳，将奈之何？

提桴鼓立军门，使士大夫乐死战斗，仁不及任安。

夫决嫌疑，定是非，辩治官，使百姓无怨心，安不及仁也。

见兵事起，欲坐观成败，见胜者欲合从之，有两心。

月满则亏，物盛则衰，天地之常也。知进而不知退，久乘富贵，祸积为祟。

3. 人格构建与多元价值

田仁和任安的归宿都不好。月满则亏,物盛将败,这是天地间的常理。知进而不知退,久居富贵之地就会积祸成灾。范蠡功成名就,不贪恋权势,才名传后世,万载不忘。他们各自的结局,值得今人引以为鉴。

扁鹊仓公列传第四十五

【导读】 本篇主要写战国名医扁鹊和西汉初期名医仓公（淳于意）拜师学医和从事医疗活动的事迹。二人医术高明，均精于脉诊，扁鹊还是脉诊的创始人。司马迁对他们治疗事迹的描写，真实之中又有神奇之处，呈现了我国医学的发展情况。

1. 提纲挈领

扁鹊行医治病，是医生职业的开山祖宗，他医术精湛高明，汉代的仓公淳于意同为医者，医术亦不容小觑，故二人合传。

医者之祖

扁鹊是齐国渤海郡人，叫秦越人。扁鹊创造了望、闻、问、切的诊断方法，奠定了中医临床诊断和治疗方法的基础。扁鹊精于内、外、妇、儿、五官等科，应用砭刺、针灸、按摩、汤液、热熨等方法治疗疾病，被尊为医祖。

扁鹊曾经救过赵简子，也救过虢国太子。《扁鹊见齐桓公》是韩非子所作的一篇著名的散文，已经成为医患之间的经典对话。秦国的太医李醯嫉妒扁鹊的医术，就派人刺杀了扁鹊。

缇萦救父

太仓公叫淳于意,西汉初期人,曾任齐太仓令。学习黄帝、扁鹊的脉书和五色诊病的方法,辩证审脉,治病多验。后因罪获刑,其女缇萦上书文帝,愿自己做官家奴婢来赎父亲的刑罚罪过,文帝有感于她的孝心,赦免了淳于意,这一年也废除了肉刑。《史记》记载了淳于意的二十五例医案,称为"诊籍",是中国现存最早的病史记录。

2. 文字的魂

疾之居腠理也,汤熨之所及也;在血脉,针石之所及也;其在肠胃,酒醪之所及也;其在骨髓,虽司命无奈之何。

人之所病,病疾多;而医之所病,病道少。(牛运震:谓人之病苦于疾多,医之病苦治病之道少也。文义本甚显明。)

故病有六不治:骄恣不论于理,一不治也;轻身重财,二不治也;衣食不能适,三不治也;阴阳并,藏气不定,四不治也;形羸不能服药,五不治也;信巫不信医,六不治也。

起度量,立规矩,称权衡,合色脉。表里有余不足顺逆之法.参其人动静与息相应。(牛运震:语深微精当,医之难言如此。)

女无美恶,居宫见妒;士无贤不肖,入朝见疑。

美好者不祥之器。

3. 人格构建与多元价值

中医是中华民族宝贵的非物质文化遗产,不为良相便为名医,悬壶济世,解救百姓疾苦。司马迁写此篇,实质上是告诉我们医者是非常值得尊敬的职业。

吴王濞列传第四十六

【导读】 吴王刘濞作为刘邦之侄,年少便以勇猛有战功而显贵。可在年老之时却掀起"七国之乱",最后兵败身死。在这巨大的变化之间,我们能够看到一个"枭雄"的人生。

1. 提纲挈领

年少有为 受封吴王

吴王刘濞是刘邦二哥刘仲的儿子。汉高祖十一年(前196)秋,淮南王黥布造反,时为沛侯的刘濞年仅二十岁,但他勇敢有为,以骑将身份随刘邦一举击破黥布军。刘邦担心吴郡会稽民风彪悍,于是封刘濞为吴王,让他去管辖三个郡五十三座城。刘濞凭借吴地山海之利,大肆招纳各地亡命之徒,利用吴国的铜矿给自己造钱,又煮海水制盐,吴国就变得富有,当地百姓也没有赋税。

矛盾重重 密谋造反

汉文帝时,吴王刘濞的太子进京朝见,与皇太子即后来的汉景帝饮酒下棋时引起争执被打死,吴王刘濞记恨在心,自此称病不肯入朝。文帝查明事实后，刘濞派使者入朝请求宽恕，文帝宽厚赦免其罪行，并赐其几杖，准许他不入朝。刘濞在吴国凭借铜盐的收益，不加赋税，又收容各国逃犯，如此经营四十余年，实力日益雄厚。景帝即位后启用御史大夫晁错，颁布"削藩令"，打击诸侯王势力，更加引起吴王刘濞的不满，派使者与胶西王等诸侯王联络，谋划造反。诸侯恐惧怨恨削藩，纷纷响应。

七国之乱　兵败身死

削减吴国会稽与豫章郡的诏书一到，刘濞就联合楚王刘戊、赵王刘遂、济南王刘辟光、菑川王刘贤、胶西王刘卬、胶东王刘雄渠等刘姓诸侯王，以"清君侧，诛晁错"为名发动叛乱，史称"七国之乱"。汉景帝派太尉周亚夫领兵平叛。窦婴向景帝推荐了曾任吴国丞相的袁盎，袁盎建议诛杀晁错以平息诸侯之怒。景帝听从其建议，处死晁错，并派袁盎出使吴国，但刘濞拒绝了和谈的建议。刘濞用兵刚愎自用，不听从将领的建议，很快被周亚夫击败。兵败后刘濞投靠了东瓯，被东瓯王派人刺死。此后，其余六国也相继被击溃，声势浩大的"七国之乱"历时三个月被平息。

2. 文字的魂

同恶相助，同好相留，同情相成，同欲相趋，同利相死。（牛运震：妙在不甚切合，隐寓甚深。）

为善者，天报之以福；为非者，天报之以殃。

毋为权首，反受其咎。

3. 人格构建与多元价值

帝王与诸侯王安身立国需有勇、有谋、有德,三者缺一不可。吴王刘濞勇猛好强,又能隐忍四十余年,巧言鼓动其他诸侯王一起反叛,足见其勇气与谋略,可称之为"枭雄"。他野心勃勃却刚愎自用,德不配位,志大才疏,兵败被杀是其必然结果。但正是这种复杂与矛盾的性格,才使得吴王刘濞的形象在史书中鲜活起来。

魏其武安侯列传第四十七

【导读】 本篇为三人合传,重点描写了魏其侯窦婴、武安侯田蚡和将军灌夫三人间的恩怨纠葛。司马迁通过几个典型的事件展现了当时封建贵族相互斗争倾轧的一个侧面,用冷峻的笔触写出了世态炎凉与人情冷暖。

1. 提纲挈领

魏其侯窦婴、武安侯田蚡都是外戚出身,因其才能而得到重用,而将军灌夫以军功起家,三人之间的倾轧斗争深深影响了他们的命运轨迹。故此三人合为一传。

窦婴封侯 太子太傅

窦婴是汉文帝窦皇后堂兄的儿子。因劝阻汉景帝传位其弟梁孝王,遭到窦太后怨恨。吴、楚七国之乱时和周亚夫多有功劳,被景帝封为大将军。他向汉景帝推荐了袁盎、栾布等闲居的将领和贤士。七国叛乱平定后,窦婴被封为魏其侯,担任太子太傅,极尽荣宠。

田蚡骄横　灌夫仗义

武安侯田蚡是景帝王皇后同母弟。景帝死后，汉武帝继位。由于武帝年龄小，母亲王太后摄政理事。为维持政局，田蚡和他的门客们纷纷建言献策。武帝即位后田蚡任太尉，窦婴为丞相。田蚡个子矮小，生性骄纵傲慢。在他未发迹时曾巴结窦婴，而在其显赫后窦婴势力衰落，两人产生了许多纠纷。

灌夫在"七国之乱"中以军功起家，在窦婴失势后唯独他继续像以前一样对待窦婴，因此窦婴在不得志的时候也格外厚待灌夫，两人交往密切。灌夫为人仗义，好打抱不平，因此广交朋友，其宗族在颍川势力很大。在和窦婴交好后，两人因为诸多事件和田蚡产生矛盾。

矛盾爆发　两败俱伤

田蚡娶燕王之女为夫人，在婚宴上灌夫觉得自己被轻视，于是借酒骂座。田蚡借机弹劾灌夫辱骂宾客，并追究他以前的过错，打算将灌夫处死。窦婴挺身而出想营救灌夫，在武帝面前陈述情况。武帝让窦婴与田蚡在朝堂上公开辩论此事。虽然大臣多支持窦婴，但田蚡采用韩安国的策略，向武帝辞职，以退为进。加之御史追查出灌夫的罪行和窦婴所述有很多不相符之处，窦婴因此被弹劾下狱。后来窦婴想使用景帝的遗诏保全自己，但这份遗诏却没有在尚书档案里存档。窦婴最终以伪造圣旨罪被斩首，灌夫也被灭族。同年，田蚡生病，总觉得窦婴和灌夫两个人的鬼魂想要杀死他，恐惧而亡。

三人在一年之内先后丧命。武帝后来也因淮南王谋反的事情憎恶田蚡。

2. 文字的魂

两人相为引重，其游如父子然。相得欢甚，无厌，恨相知晚也。(牛运震：故用"父子"字，不伦，正与"跪起如子（姪）[姓]"句对照。此窦、灌得祸病根，不能为讳也。短节峭调，正自叠复缠绵。)

今人毁君，君亦毁人，譬如贾竖女子争言，何其无大体也！(牛运震：折得痛快得情。)

魏其之举以吴楚，武安之贵在日月之际。然魏其诚不知时变，灌夫无术而不逊，两人相翼，乃成祸乱。武安负贵而好权，杯酒责望，陷彼两贤。呜呼哀哉！(牛运震：赞语举三人善、罪，极平允，极切当。)

3. 人格构建与多元价值

人情冷暖，世态炎凉，古已有之，在高官显贵之间更是如此。人应当善于根据时势的变化而改变自己的处事态度。窦婴在讨伐吴、楚七国之乱时有功，不能包容田蚡，最终被杀。灌夫鲁莽行事，愤然骂座，最终全族被诛杀。田蚡手段毒辣，最终心怀恐惧而死。此三人的遭遇足以警示我们。

韩长孺列传第四十八

【导读】 韩安国是汉武帝时期的重臣宿将,参与了很多重要的历史事件。从韩安国的生平经历,可以反映出武帝朝前期诸多重要事件的侧面,也能够体现韩安国的人格魅力。

1. 提纲挈领

辅政梁王　入朝为官　抵御匈奴

韩安国是梁国成安人,武帝时期的名臣、将领。韩安国自幼学习韩非子和其他杂家的学说,后到梁孝王幕下任中大夫,是梁孝王身边得力的谋士。他和张羽帮助梁孝王抵抗了吴国的叛军,又帮助梁孝王化解了几次危机,深得汉景帝的信任。

汉武帝时,韩安国通过田蚡的请托,任御史大夫,位列三公。韩安国从国家的现状出发,建议与匈奴和亲。任卫尉时与匈奴争战不顺,汉武帝元朔二年(前127),韩安国精神恍惚,忧郁不乐,最终发病吐血而亡。

2. 文字的魂

其后安国坐法抵罪,蒙狱吏田甲辱安国。安国曰:"死灰独不复然乎?"田甲曰:"然即溺之。"

治天下终不以私乱公。语曰:"虽有亲父,安知其不为虎?虽有亲兄,安知其不为狼"?

千里而战,兵不获利。今匈奴负戎马之足,怀禽兽之心,迁徙鸟举,难得而制也。得其地不足以为广,有其众不足以为强,自上古不属为人。汉数千里争利,则人马罢,虏以全制其敝。且强弩之极矢,不能穿鲁缟;冲风之末,力不能漂鸿毛。非初不劲,末力衰也。击之不便,不如和亲。

3. 人格构建与多元价值

"死灰复燃"是学习生活中常见的成语,出自韩安国之口。而韩安国之所以能"死灰复燃",很大程度上源于他的忠心与厚道。因此司马迁才说"世之言梁多长者,不虚哉!"除此以外,韩安国卓越的才能也是他能够被再度起用的一大重要原因。由此可见,纵使外界环境纷繁多变,自己有本领、有才能,才是硬道理!

李将军列传第四十九

【导读】 "但使龙城飞将在,不教胡马度阴山。""飞将军"李广是汉武帝时期声名卓著的将军,他的名字和事迹被后世无数文人墨客称颂,而他的人生也具有相当传奇和悲情的色彩。本篇正是以一种"传奇"的笔法记载了李广波澜壮阔的一生,塑造了一位可歌可泣的悲情英雄。

1. 提纲挈领

李广,摘自《历代名臣像解》

名门之后 骁勇善战

李广将军是秦国名将李信之后。李信曾经灭掉燕国,并活捉了燕太子丹。李广家世代相传射箭的绝技。汉文帝十四年(前166),李广以"良家子"的身份参军,他善于骑马射箭,杀敌多,被任命为中郎。汉景帝即位后李广从陇西都尉被召进京做了皇帝的侍从武官骑郎将。吴楚七国叛乱时，李广以骁骑都尉身份随太尉周亚夫前往讨伐叛军。任上郡太守期间，于匈奴入侵时以寡敌众，击退匈奴。武帝即位后李广从上郡太守调入朝廷当了未央宫的卫尉。

久战无功　李广难封

冥山射虎，摘自《马骀画宝》

李广久经沙场，与匈奴打了大小七十余仗，匈奴人敬畏地称李广为汉朝的"飞将军"。李广任职右北平太守时射猎，留下了射虎的佳话。虽然如此，但他征战多年，曾经的下属和后辈都纷纷封侯，他却始终未能得偿所愿。元狩四年（前119），李广担任前将军，随卫青参加漠北之战。途中迷失道路，贻误军机，他独自承担了所有责任，又因年老不愿与刀笔吏对簿争辩，遂自刎而死。

李陵降匈奴

李广有三个儿子，李当户、李椒和李敢，他们都做过汉武帝的侍卫官。李当户的遗腹子李陵被任命为骑都尉，天汉二年（前99）随贰师将军李广利出击匈奴。李陵率领五千人遇到了八万人的匈奴主力，他率军奋力拼杀，既无粮食又无救兵，被迫投降。匈奴单于得到李陵后，把自己的女儿许配给了他。汉朝听说李陵投降了匈奴，就把李陵的母亲妻子全部杀了，李家名声也随之败落了。

2. 文字的魂

惜乎，子不遇时！如令子当高帝时，万户侯岂足道哉！（牛运震：写出文帝一段惋惜低徊之意，便令人扼腕不平。）

广之将兵，乏绝之处，见水，士卒不尽饮，广不近水，士卒不尽食，广不尝食。宽缓不苛，士以此爱乐为用。

广乃令士持满毋发，而广身自以大黄射其裨将，杀数人，胡虏益解。会日暮，吏士皆无人色，而广意气自如，益治军。军中自是服其勇也。（牛运震：加倍形容，写出李将军骨法神度。）

其身正，不令而行；其身不正，虽令不从。

余睹李将军悛悛如鄙人，口不能道辞。及死之日，天下知与不知，皆为尽哀。彼其忠实心诚信于士大夫也。

桃李不言，下自成蹊。

3. 人格构建与多元价值

李广深受士卒爱戴，他拥有现在常说的"领导力"，而这最核心的内容就是"其身正，不令而行；其身不正，虽令不从"和"广之将兵，乏绝之处，见水，士卒不尽饮，广不近水，士卒不尽食，广不尝食。宽缓不苛，士以此爱乐为用"。李广爱护体恤官兵，士兵愿意为其效死力，其孙李陵也有李广遗风。李氏一族世代为将，留下了许多有传奇色彩的故事，李广和李陵也因其人格魅力深受士兵和百姓爱戴，"桃李不言，下自成蹊"说的就是这种对爱和真诚的感召吧！

匈奴列传第五十

【导读】 匈奴是威胁汉朝北部边境安宁的主要敌人。司马迁在本篇中详细记叙了匈奴的历史、民族风俗及其与中原的关系,又重点描写了汉朝初年尤其是武帝时期与匈奴的几次争战。本传中既蕴含着司马迁对匈奴野蛮好战、不守礼法的排斥,又含蓄地批评了汉武帝穷兵黩武、用人不当的过失。

1. 提纲挈领

匈奴之俗　历史悠久

匈奴的先祖是夏禹的后裔,名叫淳维。匈奴的习俗是:平时放牧,以射猎飞禽走兽为生;形势紧急时就习武打仗,相互侵伐。尊重身体强壮的人,瞧不起老弱病残。父亲死了,儿子就要娶后母为妻;兄长死了,弟弟就娶嫂子为妻。不讲礼义廉耻,讲究实用。

虎视眈眈　征战不休

自夏朝起,匈奴的先祖为了生存,抢夺更多的财物,就南下与中原人争战。战国时期,战国七雄中有三个与匈奴接壤，赵国的李牧、秦国的蒙恬都是当时抗击匈奴的名将。

草原霸主　剑指中原

自淳维至头曼单于期间，匈奴时而强大，时而弱小；时而分散，时而聚拢。后来在杰出的首领冒顿单于的带领下，匈奴快速强大起来，北方的其他部落或被吞并，或臣服于匈奴；向南则与汉朝分庭抗礼。从此之后，匈奴单于的世系、官制等就载入史册了。

和亲之策　且战且和

冒顿单于（前234—前174）是头曼单于之子，在鸣镝弑父后自立为单于。前209年，他首次统一了北方草原，建立了庞大强盛的匈奴帝国。汉朝建立后，汉高祖亲率大军进攻匈奴，被冒顿单于率四十万骑兵围困于白登山，史称"白登之围"。后汉高祖使了计谋才得以解围。此后冒顿单于经常侵扰汉地，在汉高祖去世后还写信羞辱吕后。冒顿单于去世后其继任者老上单于、军臣单于仍然时时进犯汉朝边境。后来汉朝通过和亲政策，得以保持相对的和平状态。

封狼居胥　大漠称雄

匈奴在北部长期为患，和亲只是权宜之计。于是自"马邑之谋"起，汉朝就开始谋划对匈奴的反击。汉武帝即位后，汉朝经历了"文景之治"的积累，国力日趋雄厚。武帝一朝，汉军多次与匈奴交战，各有胜负。直到元狩四年（前119），卫青与霍去病领兵北伐，在漠北之战中大破匈奴主力，追击匈奴至狼居胥山，此战之后"匈奴远遁，漠南无王庭"。汉朝取得了阶段性胜利。

对峙日久　损兵折将

漠北之战后，匈奴元气大伤，但仍然对汉朝边境时有劫掠，双方关系反复无常。天汉四年（前97），贰师将军李广利从朔方出发进攻匈奴，与鞮侯单于激战，失利后边退边战，战果不佳，损兵折将。后"巫蛊之祸"爆发，李广利听说全家被汉武帝诛杀，就率众投降了匈奴。

2. 文字的魂

冒顿乃作为鸣镝，习勒其骑射，令曰："鸣镝所射而不悉射者，斩之。"行猎鸟兽，有不射鸣镝所射者，辄斩之。已而冒顿以鸣镝自射其善马，左右或不敢射者，冒顿立斩不射善马者。居顷之，复以鸣镝自射其爱妻，左右或颇恐，不敢射，冒顿又复斩之。居顷之，冒顿出猎，以鸣镝射单于善马，左右皆射之。于是冒顿知其左右皆可用。从其父单于头曼猎，以鸣镝射头曼，其左右亦皆随鸣镝而射杀单于头曼。（牛运震：此后凡七用"鸣镝"字，眼目精神。"其左右亦皆随鸣镝而射杀单于头曼"，此"鸣镝"字可不必用，然着此二字更警策，句法劲悍有力。）

故见敌则逐利，如鸟之集；其困败，则瓦解云散矣。

君臣简易，一国之政犹一身也。

天不颇覆，地不偏载。

尧虽贤，兴事业不成，得禹而九州宁。且欲兴圣统，唯在择任将相哉！唯在择任将相哉！（牛运震：责成将相，出脱武帝,立言最妙,重欷累叹,感慨无穷。)

3. 人格构建与多元价值

《匈奴列传》是《史记》中写法较为特殊的一篇,由于涉及当时的政治情况,有些地方不便直笔。于是司马迁在一些记叙中书写得极为隐晦,仿照《春秋》中微言大义的笔法,使得本篇呈现出一种"寓论于叙"的特色。

卫将军骠骑列传第五十一

【导读】 本篇是大将军卫青、骠骑将军霍去病二人的合传,重点描写了两位千古名将指挥大军征战匈奴的赫赫战功。此外,本篇所描写的战争的宏大场面令人击节赞叹,极富感染力。司马迁对两人大破匈奴,打击匈奴的嚣张气焰,维护边境安宁的伟大功绩进行了高度的赞扬。

1. 提纲挈领

征战封侯　军功显赫

卫青出身低贱,曾为奴仆。后因姐姐卫子夫被武帝宠幸选入宫,卫青作为外戚青云直上,后被任命为大中大夫。元光五年(前130),卫青被任为车骑将军,率兵从上谷郡北出讨伐匈奴,打到茏城获胜而归。元朔二年(前127),匈奴分三路大举

卫青,摘自《历代名臣像解》

南下，爆发了漠南之战。卫青利用右贤王傲慢轻敌的弱点，夤夜偷袭，大获全胜，汉武帝拜卫青为大将军，统帅六师。元狩四年（前 119），漠北之战爆发，卫青、霍去病重挫匈奴主力，立下不世之功，匈奴此后长期不敢南侵。

后来平阳侯病死，平阳公主（武帝的姐姐）居孀，汉武帝下诏命卫青娶平阳公主为妻。元封五年（前 106），卫青病故，谥为烈侯，葬于茂陵。

钳徒论相，摘自《马骀画宝》

渡河受款，摘自《马骀画宝》

少年英雄　英年早逝

霍去病是大将军卫青二姐卫少儿的儿子，大司马大将军霍光的同父异母兄长。霍去病为人不爱讲话，性格内向，但果敢而有胆气，用兵灵活，不拘古法。十八岁为剽姚校尉，率领八百骑兵深入大漠，两次功冠全军，被封为冠军侯。二十岁时升任骠骑将军，指挥两次河西之战，歼灭和招降河西匈奴近十万人,缴获匈奴祭天用的金人,直取祁连山,这是中原政权第一次占领河西走廊。漠北之战消灭匈奴左贤王部主力七万余人,封狼居胥,战后霍去病加拜大司马,与卫青同掌军政。

元狩六年(前117),霍去病病逝,年仅二十四岁,武帝赐谥号"景桓",陪葬茂陵,并仿照祁连山的形状为其修筑坟墓。

2. 文字的魂

小敌之坚,大敌之禽也。

今建以数千当单于数万,力战一日余,士尽,不敢有二心,自归。自归而斩之,是示后无反意也。不当斩。

于是大将军令武刚车自环为营,而纵五千骑往当匈奴。匈奴亦纵可万骑。会日且入,大风起,沙砾击面,两军不相见,汉益纵左右翼绕单于。

顾方略何如耳,不至学古兵法。

匈奴未灭,无以家为也。

仁善退让,以和柔自媚于上,然天下未有称也。

3. 人格构建与多元价值

卫青、霍去病是千古名将,卫霍之名是古往今来的将领都敬仰的对象。两人痛击匈奴,维护了汉朝边境的和平与安宁,这是值得肯定的历史功绩。而司马迁所着力赞颂的,更是两人居功不自傲"匈奴未灭,无以家为"的博大胸怀,这是难能可贵的,也是值得我们学习和敬仰的。

平津侯主父列传第五十二

【导读】 本篇是公孙弘、主父偃两位武帝时期重臣的合传。两人都曾怀才不遇,也都在武帝时期将自己的才华抱负施展出来。在本传中也可以了解武帝时期几个重要政策例如"推恩令"的颁布背景与过程。

1. 提纲挈领

大器晚成　拜相封侯

公孙弘少时为吏,四十多岁才开始读书,谨养后母,先后两次被国人推荐征为博士。六十岁始入仕,十年之中,从待诏金马门擢升为丞相,封平津侯。公孙弘是西汉建立以来第一个以丞相封侯者,为西汉后来"以丞相褒侯"开创先例。公孙弘为人心思深沉,善于言辞,对政治上的对手大肆排挤。汉武帝元狩二年(前121),公孙弘于相位逝世,谥献侯。

上书推恩　名败身诛

主父偃是齐国临淄人,出身贫寒。早年学战国纵横之术,后又学《易》《春秋》和百家之言。在齐受到儒生的排挤,于是北游燕、赵、中山等诸侯国,未受到重视。元光元年(前134),主父偃来到长安,上书汉武帝刘彻,当天就被召见,与徐乐、严安同时拜为郎中。不久又迁为谒者、中郎、中大夫,一年中升迁四次,得到汉武帝破格任用。他向汉武帝提出"推恩令"的政治主张,又提出设立朔方郡,深受汉武帝器重。

主父偃告发齐王刘次昌淫乱骄纵,齐王担心自己会像燕王那样被定为死罪,就自杀了。御史大夫公孙弘同主父偃有嫌隙,他向汉武帝进言齐王自杀无后是主父偃之过,于是武帝便将主父偃全族诛杀。

2. 文字的魂

人主病不广大,人臣病不俭节。

天下未有不能自治而能治人者也,此百世不易之道也。

臣闻天下之通道五,所以行之者三。曰君臣,父子,兄弟,夫妇,长幼之序,此五者天下之通道也。智,仁,勇,此三者天下之通德,所以行之者也。

力行近乎仁,好问近乎智,知耻近乎勇。

男子疾耕不足于粮饷,女子纺绩不足于帷幕。百姓靡敝,孤寡老弱不能相养,道路死者相望,盖天下始畔秦也。

兵久则变生,事苦则虑易。

臣结发游学四十余年,身不得遂,亲不以为子,昆弟不收,宾客弃我,我厄日久矣。且丈夫生不五鼎食,死即五鼎烹耳。吾日暮途远,故倒行暴施之。(牛运震:此段借主父语自括生平,一一与传首所次未遇时情事相应,收结最妙。)

3. 人格构建与多元价值

为君、为官治理国家的起点和初心是什么？是心存社稷，让百姓能够安居乐业。一个国家治理得好不好，首先在于帝王的道德，其次三公是百官的表率，是黎民百姓的楷模，君臣一心，国之幸也。公孙弘与主父偃都是胸怀大才之士，他们在武帝的支持下得以尽情地挥洒自己的才能。从他们身上，司马迁也在努力寻找古今之间的变与不变，那不变的规律就是为君者、为官者的初心。

南越列传第五十三

【导读】 本篇记载了南越王赵佗建国的历史、其后四位君主统治南越的过程,以及汉武帝时出兵攻灭南越之事。从本传中能够看出司马迁对史实的尊重,他没有贬低南越,相反肯定了赵佗"集杨越以保南藩"的功劳。同时他将南越归汉视为民族统一的趋势与必然,亦能看到他民族大一统的思想。

1. 提纲挈领

赵佗建国　向汉称臣　五代而亡

南越国(前204—前111),是西汉时期位于中国岭南地区的一个政权。从开国君主赵佗至亡国君主赵建德,共五任君主。秦统一天下后,设置了桂林、南海、象郡三个郡,赵佗在秦始皇时被任命为南海郡的龙川县令,赵佗趁秦亡之际,楚汉相争,兼并了岭南的桂林郡、象郡。高祖三年(前204),正式建立了南越国,定都番禺。高祖十一年(前196),南越成为汉朝的藩属国。元鼎四年(前113),南越丞相吕嘉发动了叛乱,杀死了南越王赵兴,立术阳侯赵建德为南越王。元鼎五年（前112），汉武帝刘彻发动了对南越国的战争，于元鼎六年（前111）将南越国灭亡。

南越国建立伊始，赵佗实施"和辑百越"的政策，引入中原先进的农耕技术和文化，使岭南地区迅速从百越征战、刀耕火种的氏族社会平稳进入到农耕文明时代，为岭南文化的发展奠定了基础。

2. 文字的魂

两雄不俱立，两贤不并世。

伏波困穷，智虑愈殖，因祸为福。成败之转，譬若纠墨。

（牛运震：赞语用韵，错综古峭似铭语，语有奥气。）

3. 人格构建与多元价值

我们能够从《史记》中看出司马迁的民族观和历史观是相当先进的。对南越等民族，他并没有以蛮夷视之，而以一种平等的态度来看待。同时，他也是民族大一统的积极支持者和倡导者，把南越归汉看作各民族一统的必然趋势，具有一定的积极意义。

东越列传第五十四

【导读】 本篇记载了汉朝初年东越由郡县立国，后又在汉武帝时期重新被划为郡县的经过。司马迁借助这种变化的趋势，表达了他对于民族大一统的支持与赞扬。

1. 提纲挈领

无诸和摇的祖先是越王勾践的后裔。汉高祖五年（前202），刘邦复立无诸为闽越王。汉惠帝三年（前192）立摇为东海王（东瓯王）。

景帝三年（前154），吴王刘濞造反，动员闽越王随他闹事，闽越王不干，而东瓯王愿随吴王背叛汉朝。吴王刘濞失败后逃回东瓯，东瓯王被汉收买，在丹徒杀死了刘濞。

汉武帝元鼎六年（前111），东越王馀善反汉朝，被繇王居股、建成侯敖等部属所杀。东越国又被列为郡县。

2. 文字的魂

秦举咸阳而弃之，何乃越也！今小国以穷困来告急天子，天子弗振，彼当安所告诉？又何以子万国乎？（牛运震：此等语俱恳动有情。）

其弟馀善乃与相、宗族谋曰:"王以擅发兵击南越,不请,故天子兵来诛。今汉兵众强,今即幸胜之,后来益多,终灭国而止。今杀王以谢天子。天子听,罢兵,固一国完;不听,乃力战;不胜,即亡入海"。(牛运震:此及后大行语,简极矣,却极隽永。太史公用意修炼处。)

3. 人格构建与多元价值

《东越列传》同《南越列传》类似,通过说明东越同中原的历史渊源与密切联系,借此展示中国大一统民族的形成过程。司马迁的历史观和民族观在今天仍然具有很大的积极意义,值得我们学习和借鉴。

朝鲜列传第五十五

【导读】 本篇记载了自汉朝初年卫满开始统治朝鲜,直至汉武帝时期卫满之孙右渠统治朝鲜时被征服划为四郡的过程。重点记述了左将军与楼船将军攻打朝鲜的经过,语言平淡,记事简要,却极显司马迁笔力。

1. 提纲挈领

卫满称王　平定朝鲜

朝鲜王卫满是燕国人,高祖末年逃亡走出塞外,渡过浿水,奴役朝鲜地区的原住民和燕国、齐国流亡过来的人,建立卫氏朝鲜。汉惠帝、吕后时,天下初定,就约定卫满作为汉朝的外臣,镇抚塞外蛮夷。卫满借机招降周边小国,扩充自己的领地。

矛盾爆发　汉朝发兵

王位传至卫满的孙子右渠时,真番附近很多小国想朝见汉天子,右渠阻挠不许上报。汉武帝派使者出使交涉无果,于是招募罪人攻打朝鲜,左将军荀彘、楼船将军杨仆领兵出发,结果因两个将军不睦导致进攻不利。

两将争功　艰难取胜

由于两位将军之间的复杂矛盾,汉朝征服朝鲜的行动拖延了很长时间,最终由于朝鲜的几位大臣认为抵抗无望,于是杀死国王,朝鲜内乱,汉朝军队终于在元封三年(前108)平定朝鲜,在其地建立四郡。

2. 文字的魂

右渠负固,国以绝祀。涉何诬功,为兵发首。楼船将狭,及难离咎。悔失番禺,乃反见疑。荀彘争劳,与遂皆诛。两军俱辱,将率莫侯矣。(牛运震:赞语较《南越传赞》更短峭简至。"两军俱辱,将率莫侯",只按事情作感慨,自然意味深长。杨慎曰:"南越、朝鲜赞用韵语,盖后世铭诗之祖"。)

3. 人格构建与多元价值

本传记事详略极为讲究,重点描写两个将军攻打朝鲜之事。在这一事之中,又运用多重对比,以卫山出使朝鲜对比涉何出使朝鲜,以楼船将军和左将军对比,使得全文"节节相配,段段相生,极递换脱卸之妙"(李景星《史记评议》),于平实当中,尽显司马迁的笔力,让人回味无穷。

西南夷列传第五十六

【导读】 本篇记载了汉朝时期西南地区许多部落国家的风土民情,这些国家在汉武帝时期多被平定,列为郡县。本篇可与《南越列传》《东越列传》《朝鲜列传》等对读,从中看到西汉时期周边民族国家的基本状况。

1. 提纲挈领

西南夷是汉代对分布在今云南、贵州和四川西南部地区民族的总称。各族经济发展不平衡,夜郎、靡莫、滇、邛都等部落定居,主要从事农耕,昆明从事游牧,其余各族事农或牧,与巴蜀地区有商业往来。汉武帝先后拜唐蒙、司马相如为中郎将,通夜郎、西南夷,设置犍为郡,汉武帝平定西南夷后,在这些地区设置了七个郡进行管理。

2. 文字的魂

滇王与汉使者言曰:"汉孰与我大?"及夜郎侯亦然。以道不通故,各自以为一州主,不知汉广大。使者还,因盛言滇大国,足事亲附。天子注意焉。(牛运震:"汉孰与我大?"活似悍夷口吻。"天子注意焉",此句虚煞,住而不住。)

蒙乃上书说上曰："南越王黄屋左纛，地东西万余里，名为外臣，实一州主也。今以长沙、豫章往，水道多绝，难行。窃闻夜郎所有精兵，可得十余万，浮船牂柯江，出其不意，此制越一奇也。诚以汉之强，巴蜀之饶，通夜郎道，为置吏，易甚。"

3. 人格构建与多元价值

《史记》当中对于民族史传的描述都有一个共通性，就是极为强调民族之间的大一统趋势。司马迁一方面对各民族持以平等的态度，另一方面又对大一统的思想极为推崇，这其实也从侧面反映了西汉时期的民族观念。司马迁面对这种繁杂的材料，仍然能做到有条不紊，详略得当，其用笔值得细细揣摩。

司马相如列传第五十七

【导读】 本篇讲述了西汉著名文学家司马相如的生平事迹,记述司马相如的生平极为简洁明了,却连篇累牍地引用司马相如的重要作品,从中足可以看到司马迁对司马相如作品的喜爱,"心折长卿之至"(牛运震《史记评注》)。

1. 提纲挈领

旅梁而归　琴挑文君　通西南夷

司马相如是蜀郡成都人,字长卿,小名犬子,因敬慕蔺相如的为人,改名叫相如。曾在景帝身边任武骑常侍,但他不喜欢这个官职。司马相如看到梁孝王身边有很多纵横家,就追随梁孝王做了门客。梁孝王死后,他回到成都,娶临邛县卓王孙之女卓文君为妻。汉武帝看到《子虚赋》大为赞赏,让司马相如做了郎官。后出使西南夷,发布了《喻巴蜀檄》,采取恩威并施的办法,收到了良好的效果。他还写了一篇《难蜀父老》,以解答问题的形式,成功地说服了众人,使西南民族与汉廷合作,为开发西南边疆做出了贡献。元狩五年(前118),相如因病免官,家住茂陵。

卓尔不群　汉赋大师

司马相如是汉赋作家和赋论大师，也是文学大师和美学大家，作品有《子虚赋》《天子游猎赋》《大人赋》《长门赋》《美人赋》《哀秦二世赋》。司马相如也是散文家，流传广泛的有《喻巴蜀檄》《难蜀父老》《谏猎疏》《封禅文》等。

《史记》中专门为文学家立传的有两篇，一篇是《屈原贾生列传》，另一篇是《司马相如列传》，而且司马迁本传中不厌其烦地收录了司马相如的八篇文章，由此可见司马相如在司马迁心中的地位。

一曲凤求凰　美名传千秋

司马相如和卓文君不拘封建礼教的束缚，勇敢追求自由爱情的故事流传至今，远在两千年前就演绎了自由恋爱的传奇故事。后人根据他们的爱情故事，谱得琴曲《凤求凰》。

2. 文字的魂

随风澹淡，与波摇荡。（牛运震：写景画态飞动。）

天子大说，飘飘有凌云之气，似游天地之间意。（牛运震：句奇妙，确似《大人赋》评语。）

《春秋》推见至隐，《易》本隐之以显，《大雅》言王公大人而德逮黎庶，《小雅》讥小己之得失，其流及上。所以言虽外殊，其合德一也。相如虽多虚辞滥说，然其要归引之节俭，此与《诗》之风谏何异。扬雄以为靡丽之赋，劝百风一，犹驰骋郑卫之声，曲终而奏雅，不已亏乎？余采其语可论者著于篇。(牛运震:赞语推本《易》《春秋》《大小雅》以立言,极有根据,亦正为相如之文抬高身份。"然其要归引之节俭"云云。此评相如之文得其要领,可见太史公见地之高。)

3. 人格构建与多元价值

司马相如不羡慕高官贵爵,常常在家闲居,也不参与国家大事的讨论。他年轻时不贪恋功名,有自己清晰的价值观和精神追求。司马相如介于清醒的范蠡、张良和那些醉心于功名利禄的官员之间,可以算是一个把天性保护得比较好的智者。

淮南衡山列传第五十八

【导读】 本篇是淮南厉王刘长与其长子淮南王刘安、三子衡山王刘赐三人的合传,记载了两代淮南王和衡山王的兴衰情况。按理说诸侯王生平应记于世家,但这里为了强调淮南王、衡山王的叛逆之罪,故降为列传。本篇重点描写了淮南王父子心怀谋反之意的前因后果及过程,而叙事中插入的两段议论文字,文气纵横,酣畅淋漓,为本篇增辉甚多。

1. 提纲挈领

少子骄纵　谋反被诛

刘长是汉高祖刘邦最小的儿子,汉惠帝刘盈、汉文帝刘恒异母的弟弟,前196年被封为淮南王,力能扛鼎。文帝时,骄纵跋扈,常与文帝同车出猎,在封地不用汉法,自行制定法令。前174年与匈奴、闽越首领联络,图谋叛乱,事泄被拘。朝臣建议死罪,文帝赦之,废王号,谪徙蜀郡严道邛邮,途中心怀忧愤,绝食而亡,谥为厉王。

文帝十二年(前168),民间流传了关于淮南王的民谣"一尺布,尚可缝;一斗粟,尚可舂。兄弟二人不能相容。"

文帝可怜刘长因为不守法纪，以致国破身亡，就在刘长旧时的地盘上分地三份，立刘长的儿子刘安为淮南王，刘勃为衡山王，刘赐为庐江王（刘勃死后，改封衡山王）。

刘安避劫

汉景帝三年（前154），吴、楚等七国造反。吴国派使者前往淮南国拉拢刘安，刘安对父亲刘长之死耿耿于怀，就应了吴国使者。淮南国丞相设计从刘安手里接过兵权，听从朝廷命令。几个月后，"七国之乱"被平定，原本计划参与谋反的刘安幸运地躲过一劫。

著《淮南子》

此事后，刘安开始潜心做学问，他广招门客一同著书立说。在他的主持下，众人经历数年时间编成了《淮南子》，刘安从此誉满天下。

谋反败露　自刎而死

刘安一向与武安侯田蚡交好。田蚡在刘安进京朝见时对刘安说："现在皇上还没有太子，您是高祖皇帝的亲孙子，又施行仁义，如果有朝一日当今皇上驾崩了，那除了立您还能立谁呢？"刘安被蛊惑开始招兵买马，制造武器，还把女儿刘陵派到长安刺探朝廷情报，充当间谍。

刘安虽然铁了心要谋反，但客观条件却不支持他的野心。西汉在汉武帝的统治下，国力达到鼎盛，刘安也只好等待。后来武帝知道了刘安欲图谋反的消息，刘安自知死罪难逃，便自刎而死。

衡山王刘赐谋反

刘赐是汉高祖刘邦之孙,淮南厉王刘长的第三子,淮南王刘安之弟。前122年,刘赐与刘安约定谋反。但由于太子刘爽与妹妹刘无采、弟弟刘孝和后母王后徐来有矛盾,多次被刘赐痛打,遂将事情告发,刘赐自杀,衡山国被废为衡山郡。

2. 文字的魂

一尺布,尚可缝;一斗粟,尚可舂。兄弟二人不能相容。(牛运震:《尺布斗粟谣》,特取"可缝""可舂""不能相容",反正跌逗生情,乃以无意义为兴体者也。)

尧舜放逐骨肉,周公杀管蔡,天下称圣。何者?不以私害公。天下岂以我为贪淮南王地邪?

聪者听于无声,明者见于未形,故圣人万举万全。

昔文王一动而功显于千世,列为三代,此所谓因天心以动作者也,故海内不期而随。此千岁之可见者。夫百年之秦,近世之吴楚,亦足以喻国家之存亡矣。(牛运震:双提朗朗疏健。)

男子疾耕不足于糟糠,女子纺绩不足于盖形。遣蒙恬筑长城,东西数千里,暴兵露师常数十万,死者不可胜数,僵尸千里,流血顷亩,百姓力竭,欲为乱者十家而五。

毒药苦于口利于病,忠言逆于耳利于行。

口虽未言,声疾雷霆,令虽未出,化驰如神,心有所怀,威动万里，下之应上，犹影响也。（牛运震：数语有波澜色态，极似《过秦论》余吻。）

淮南、衡山亲为骨肉，疆土千里，列为诸侯，不务遵蕃臣职以承辅天子，而专挟邪僻之计，谋为畔逆，仍父子再亡国，各不终其身，为天下笑。

3. 人格构建与多元价值

以血缘关系为主的分封制和以君臣关系为主的郡县制，在西汉之初并行。国家的治理能力、治理结构是人类社会进步永恒的主题之一，地方体系的管理对帝王来讲是头等大事，如果处理不得当，就算是血浓于水的亲人也会叛乱。

循吏列传第五十九

【导读】 本篇记载了春秋战国时期五位奉职循理官吏的故事。他们或为政以德,教化百姓;或大义凛然,以身殉法。司马迁对他们怀有崇敬和缅怀的心理,把他们看作吏治的榜样。司马迁写古之循吏,不涉及当代之事,也隐含了他对武帝朝酷吏弄权的批评与讽刺。

1. 提纲挈领

孙叔敖,摘自《清刻历代画像传》

子产,摘自《历代名臣像解》

本篇介绍了孙叔敖、子产、公仪休、石奢、李离等遵守法度、身正心安的官吏。孙叔敖和子产善施德政，百姓爱戴；公仪休奉行法度，一丝不苟；石奢和李离维护法律尊严，甘愿以身殉法。他们都是古代吏治的榜样。

2. 文字的魂

法令所以导民也，刑罚所以禁奸也。

奉职循理，亦可以为治，何必威严哉？（牛运震：此编循吏本旨，正取其与酷吏相反。）

为相一年，竖子不戏狎，斑白不提挈，僮子不犁畔。二年，市不豫贾。三年，门不夜关，道不拾遗。四年，田器不归。五年，士无尺籍，丧期不令而治。

食禄者不得与下民争利，受大者不得取小。（牛运震：二语得《公仪》要领。）

3. 人格构建与多元价值

司马迁说："奉职循理，亦可以为治，何必威严哉？"身为官吏，肩上便担负着对百姓的责任，理应兢兢业业，保持高尚的道德风范。而在今天，领导干部更是要时刻牢记"为人民服务"的宗旨。从古到今，虽然时代在改变，但是官员干部奉公守法、廉政爱民的原则不应改变。

汲郑列传第六十

【导读】 此篇是景帝、武帝时期汲黯和郑当时两位官员的合传。汲黯、郑当时是好友,都喜欢并遵循黄老学说,为官清廉,注重自身的品行修养,故而合传。司马迁敬佩汲黯直言进谏的刚正品格,在行文中洋溢着对他的赞美之情。

1. 提纲挈领

不畏权贵 犯颜直谏

汲黯,字长孺。汉景帝时任太子洗马,汉武帝时初为谒者,后来出京做官为东海太守,有政绩,被召为主爵都尉,列于九卿。

汲黯崇尚道家学说,治理官府和民事。喜欢清净少事,把事情都交给得力的郡丞和书吏去办,按大原则行事,不拘于小节。

汲黯性格高傲,不重礼节,却又为人仗义,有气节,注重个人修养,直言敢谏,经常与当时的重臣公孙弘、张汤面折廷争。汉武帝称其为"社稷之臣"。主张与匈奴和亲,后召拜淮阳太守,卒于任上。

第三章 读《史记》

汲黯，摘自《历代名臣像解》

仗义交游　好客清廉

郑当时，字庄，好行侠仗义，喜欢黄老之学。曾帮助梁孝王的将领张羽摆脱灾难。汉景帝时，任太子舍人，喜欢看望旧友，或邀谢宾客。汉武帝时历任鲁中尉、济南郡太守、江都国相、右内史，成为九卿。他经常为武帝推荐一些厚道的贤人，礼贤下士，用俸禄和赏赐来供养宾客。因在窦婴、田蚡争论时没有大胆发表意见，被贬为詹事。后来任大司农、汝南郡太守，卒于任上。

2. 文字的魂

陛下内多欲而外施仁义，奈何欲效唐虞之治乎！

天子置公卿辅弼之臣，宁令从谀承意，陷主于不义乎？且已在其位，纵爱身，奈辱朝廷何！

其辅少主，守城深坚，招之不来，麾之不去，虽自谓贲育亦不能夺之矣。

"大将军有揖客,反不重邪?"大将军闻,愈贤黯。(牛运震:语极冷,却带婉转,处己、处大将军俱妙。"大将军闻,愈贤黯",此特表大将军,却正以写汲黯也。)

好直谏,守节死义,难惑以非。至如说丞相弘,如发蒙振落耳。(牛运震:喻甚奇妙。)

陛下用群臣如积薪耳,后来者居上。(牛运震:此语极新创,巧甚。)

张汤智足以拒谏,诈足以饰非,务巧佞之语,辩数之辞,非肯正为天下言,专阿主意。主意所不欲,因而毁之;主意所欲,因而誉之。好兴事,舞文法,内怀诈以御主心,外挟贼吏以为威重。

翟公有言,始翟公为廷尉,宾客阗门;及废,门外可设雀罗。翟公复为廷尉,宾客欲往,翟公乃大署其门曰:"一死一生,乃知交情。一贫一富,乃知交态。一贵一贱,交情乃见。"(牛运震:传中论断汲、郑处已尽,赞语只就宾客盛衰作感慨,但述翟公之言,不更作断语,无限苍凉。太史公感慨深情,全为自己抒写,《报任安书》所谓"交游亲近,不为一言"也,传赞中往往及之。)

3. 人格构建与多元价值

门可罗雀、宾朋盈门是汲黯、郑当时这两位有品德才干的高官失势与得势时的状态。"一死一生,乃知交情。一贫一富,乃知交态。一贵一贱,交情乃见。"人的一生,真正可以交心的好友又能有几人呢?用心去寻找自己的心灵之交吧。

儒林列传第六十一

【导读】 本篇是合写了众多儒学之士的专题性传记,所以以"儒林"为标题,也是一篇教育史。司马迁既回顾了几百年来儒学的兴衰变迁,又重点讲述了汉武帝时期儒学重新兴起的过程。在叙述儒学发展的过程中,又往往隐隐地提及儒学自身存在的一些问题,引人深思。

1. 提纲挈领

孔子去世后,统治者长期不重视儒学教育。司马迁以深沉慨叹的史论开端,自然地引出了几百年来儒学的兴衰。着重记述了西汉时期《诗》《书》《礼》《易》《春秋》五经儒学大师的事迹,并附带大师的传承弟子数十人,按照《诗》《书》《礼》《易》《春秋》顺序逐一记人叙事,人物纷繁却秩序井然。

司马迁为儒学大师作传,言及

董仲舒,摘自《历代名臣像解》

其美德、治学态度和众多的受业弟子，表彰他们言传身教在人才培养方面做出的杰出贡献。

2. 文字的魂

闻三代之道，乡里有教，夏曰校，殷曰序，周曰庠。其劝善也，显之朝廷；其惩恶也，加之刑罚。故教化之行也，建首善自京师始，由内及外。

为治者不在多言，顾力行何如耳。

食肉不食马肝，不为不知味；言学者无言汤武受命，不为愚。

务正学以言，无曲学以阿世！

3. 人格构建与多元价值

此篇应该是中国第一部为教育家著书立传的文章。司马迁的伟大在于他能够冷静理智地看待这个社会，为帝王将相著书立说的同时，也看到了医生（《扁鹊列传》）、教师（《儒林列传》）、商人（《货殖列传》）、思想家（《老子韩非列传》）、游侠（《游侠列传》）等不同社会分工、不同角色的人们为共同推动社会发展与进步所做的贡献，并将其记录下来，以示对他们的认可和尊重。

《史记》开辟了很多第一，没有独立人格是不可能有这种突破和创新的。

酷吏列传第六十二

【导读】 本篇记载了西汉十余名酷吏的事迹,可与《循吏列传》对读。司马迁反对以严刑峻法治理百姓,故而在本传中对酷吏们多持否定态度。但司马迁又对酷吏们所体现的某些品质如刚正、廉洁予以了肯定。

1. 提纲挈领

司马迁记述了汉初至武帝时,善用严刑峻法,以凶狠残暴著称的十余名官吏的史实。从吕后时的侯封,再到景帝时的郅都,武帝时的宁成、周阳由、赵禹、张汤、义纵、王温舒、尹齐、杨仆、减宣、杜周等。司马迁以严酷残暴为线索,将这十余名官吏的事迹串联了起来。

司马迁在感情上对酷吏们存在厌恶和抵触态度,但他对某些酷吏的某个品质,如郅都"行法不避贵戚""奉职死节官下"廉洁奉公的品质大力赞扬,也体现了司马迁"不虚美,不隐恶"的实录精神。十余人的史事集于一篇,一以贯之,线索清晰,结构严谨。

2. 文字的魂

法令者治之具,而非制治清浊之源也。

汉兴,破觚而为圜,斫雕而为朴,网漏于吞舟之鱼,而吏治烝烝,不至于奸,黎民艾安。由是观之,在彼不在此。(牛运震:"破觚而为圜"云云,用喻语写来浑妙;"网漏于吞舟之鱼",语尤奇创,非汉两司马不能为此语。"由是观之,在彼不在此"。收处屹峭,似不着力,而笔有余味。)

身固当奉职死节官下,终不顾妻子矣。

匈奴至为偶人象郅都,令骑驰射,莫能中,见惮如此。(牛运震:形容甚奇,都奇人,须以此奇笔写之。)

然此十人中,其廉者足以为仪表,其污者足以为戒,方略教导,禁奸止邪,一切亦皆彬彬质有其文武焉。虽惨酷,斯称其位矣。(牛运震:"其廉者足以为仪表"云云。真公论,何云太史公是非谬于《春秋》耶?"一切亦皆彬彬质有其文武焉",长句逸气横生。)

3. 人格构建与多元价值

以严苛的法令统治社会,固然能收到一时的效果,但并非长久之计,最终必然会出现"吏民益轻犯法,盗贼滋起"的状况。要让社会风气向好向善,百姓安居乐业,合理公正的法律和奉职循理的执法者必不可少。

大宛列传第六十三

【导读】 本篇是中国最早的边疆和域外地理专著,也是记录西域诸国史实的传记。详细记录了大宛、乌孙、康居、奄蔡、月氏、安息、条支、大夏八国之事,旁及一些小国、部落等。以大宛、乌孙历史为主,以大宛开篇,以大宛终篇,故曰《大宛列传》。

1. 提纲挈领

西域史实

司马迁以大宛为中心,辐射到西域诸国和周边一些部落,记述了这些地区的地理、历史情况,包括位置、距离、四邻、农牧业、物产、人口、兵力与城邑等。

张骞,摘自《清刻历代画像传》

沟通西域

　　着重写了张骞两次出使西域的经过,展示了汉王朝和西域各国的微妙关系。含蓄表达了对汉武帝连年用兵和好大喜功的讥讽与感叹,称赞张骞通西域之路的壮举有"凿空"之功,促进了河西走廊在我国古代的历史发展。

　　此篇或以叙事带议论,或以议论带叙事,看似纵横错杂,实则段落井然,照应清楚,结构奇绝。

2. 文字的魂

　　月氏在吾北,汉何以得往使?吾欲使越,汉肯听我乎?

　　汉使穷河源,河源出于窴,其山多玉石,采来,天子案古图书,名河所出山曰昆仑云。

　　其人皆深眼,多须髯,善市贾,争分铢。俗贵女子,女子所言而丈夫乃决正。

　　道远多乏食;且士卒不患战,患饥。人少,不足以拔宛。愿且罢兵,益发而复往。

　　河出昆仑。昆仑其高二千五百余里,日月所相避隐为光明也。

3. 人格构建与多元价值

　　唯有观世界才有世界观。从不同的文明、文化中相互交流学习,建立尊重、友好和合作的关系。两千年前的古人已经在不断拓宽自己的视野和认知。今天的我们也应当具有全球化的意识,了解这个多元的世界,感受不同的文明,在学习中不断提升自己。

游侠列传第六十四

【导读】 本篇记述了汉代著名侠士朱家、剧孟和郭解的事迹,他们是有侠义精神的草根平民,司马迁称他们是"布衣之侠""乡曲之侠""闾巷之侠",赞扬了他们"其言必信,其行必果,已诺必诚,不爱其躯,赴士之厄困,既已存亡死生矣,而不矜其能,羞伐其德"的侠义精神。全文呈"总分总"的结构,先总论游侠,又分叙侠客的故事,最后以论赞结束。

1. 提纲挈领

鲁国朱家

鲁国人多推崇儒家,朱家却以侠义闻名。他曾经藏匿过几百个逃亡的豪杰,帮助过的百姓数不胜数,却不要求回报,自己一贫如洗。朱家曾经帮助过季布摆脱厄运,但季布富贵之后,他却不愿与季布相见。百姓都愿意和他结交。

洛阳剧孟

洛阳人多好经商,剧孟却以侠士之名显赫,其行为和朱家类似。七国之乱时周亚夫因为得到剧孟的帮助而欣喜异常。剧孟的母亲去世时各地有数千辆车子前来送葬,而剧孟自己身故时,家中连十金的钱财都没有。

豪侠郭解

轵县人郭解的父亲就是侠客,在汉文帝时被人杀死。郭解个子矮小,年少的时候狠毒残忍,杀人、藏匿亡命徒、私铸钱币、盗墓,堪称无恶不作。但他常能逢凶化吉,在窘迫时总能逃脱。郭解年纪大了之后反思自己的行为,于是经常施恩于人,不求回报。郭解的侄子仗势欺人反被人杀死,郭解的姐姐把他的尸体扔在道路中央想刺激郭解,但郭解在了解事情原委后放走了那个人,人们因此称赞他,他越发被人敬重。汉武帝时期迁徙豪富人家到茂陵居住,很多人在途中帮助郭解,到了关中之后人们争相与他结交,后来郭解因杀死杨季主逃亡,被捕后,很多人为他开脱,但武帝因为公孙弘的谏言,忌惮郭解的势力,所以将他灭族。

2. 文字的魂

季次、原宪,闾巷人也,读书怀独行君子之德,义不苟合当世,当世亦笑之。

今游侠,其行虽不轨于正义,然其言必信,其行必果,已诺必诚,不爱其躯,赴士之厄困,既已存亡死生矣,而不矜其能,羞伐其德。

昔者虞舜窘于井廪,伊尹负于鼎俎,傅说匿于傅险,吕尚困于棘津,夷吾桎梏,百里饭牛,仲尼畏匡,菜色陈、蔡。

此皆学士所谓有道仁人也，犹然遭此灾，况以中材而涉乱世之末流乎？其遇害何可胜道哉！

窃钩者诛，窃国者侯，侯之门仁义存。（牛运震：此设为诡激之词，愤世嫉俗，若讽若怒，老子所谓"正言若反"也。）

顺风而呼，声非加疾，其势激也。至如闾巷之侠，修行砥名，声施于天下，莫不称贤，是为难耳。

振人不赡，先从贫贱始。家无余财，衣不完采，食不重味，乘不过䎞牛。专趋人之急，甚己之私。既阴脱季布将军之厄，及布尊贵，终身不见也。

御史大夫公孙弘议曰："解布衣为任侠行权，以睚眦杀人，解虽弗知，此罪甚于解杀之。当大逆无道。"

吾视郭解，状貌不及中人，言语不足采者。然天下无贤与不肖，知与不知，皆慕其声，言侠者皆引以为名。

人貌荣名，岂有既乎！

3. 人格构建与多元价值

"天子之怒，伏尸百万，流血千里。"帝王要有勇、有谋、有德，目的是有担当有作为；"若士必怒，伏尸二人，流血五步，天下缟素。"一个平民要有勇、有谋、有德，又不贪恋权贵，能怎么做呢？游侠的身份满足了这个需求，它使得平民得以施展心中的义。值得一提的是，司马迁推崇的是乐于帮助百姓的侠客，而不是"盗跖居民间者"式的侠客。这种区分体现了司马迁先进的历史观。

佞幸列传第六十五

【导读】 本篇记载了汉代高祖、惠帝、文帝、景帝、武帝时期几位佞臣邓通、韩嫣、李延年等人的事迹。记载了他们受宠的过程和结局。司马迁讽刺了他们无甚才能却专会钻营,以谄媚获取皇帝的信任。而他们一旦失去自己的保护伞,只能落得一个悲惨的结局。本篇在叙事之中注入了强烈的个人感情,篇末直抒胸臆,"通篇一气,直贯到底"(吴见思《史记论文》)。

1. 提纲挈领

谄媚得宠　困厄而死

邓通是汉文帝的宠臣,曾有人给邓通相面,说他以后会饿死。文帝不悦,赐给邓通铜山,让他可以自行铸币,邓通因此富可敌国。邓通曾为文帝吮吸脓血,文帝让太子也这么做,太子非常为难,故而心中怨恨邓通。后来太子继位,免了邓通的职务,又派官吏苛待邓通,邓通最后身无分文,死在别人家的屋子里。

恃宠而骄　爱弛恩绝

韩嫣是韩王信的后代，善于谄媚主上，深受汉武帝喜爱，两人甚至同睡同起。后来韩嫣恃宠而骄，在上林苑打猎时得罪了江都王，因此被太后所记恨。最后韩嫣和永巷的宫女有了奸情，太后责令他自杀，武帝想保护他而未果，韩嫣最终还是自杀了。

李延年善于唱歌谱曲，又因其妹妹李夫人受到武帝宠幸而得宠。李延年也借着宠爱做了很多不轨之事，李夫人死后，汉武帝对他的宠爱衰减，最后将他们兄弟都拘捕杀死。

2. 文字的魂

谚曰："力田不如逢年，善仕不如遇合。"固无虚言。非独女以色媚，而士宦亦有之。（牛运震：从女色引入，便自羞人。）

甚哉爱憎之时！弥子瑕之行，足以观后人佞幸矣。虽百世可知也。（牛运震：诞得妙，慨叹深长。）

3. 人格构建与多元价值

世界上每个人的生存方式不一样，决定用哪一种生存方式，是个人的理想和价值观所决定的。佞人的谄谀同样是他们的生存手段，只是这种方式对整个社会是有害的。司马迁在此篇中对佞臣乱政深表痛心，抒发了他对政局的忧虑之心。

滑稽列传第六十六

【导读】 此篇是记述滑稽人物的类传，主旨是赞扬淳于髡、优孟、优旃一类滑稽人物高超的讽喻能力和出色的口才。他们纵然出身贫贱，但机智过人，善于以巧妙的讽喻劝谏君主，司马迁对此高度肯定，认为他们的言行起到了"六艺于治一也"的重要作用。李景星评论本篇："赞语若雅若俗，若正若反，若有理，若无理，若有情，若无情，数句之中，极喜笑怒骂之致，真是神品。"(《史记评议》)

1. 提纲挈领

隐语劝谏

淳于髡是战国时齐国人，为人能言善辩。齐威王在位时好彻夜宴饮，大臣们纷纷进谏却没有效果。淳于髡听说齐威王喜欢隐语，于是就用隐语劝谏齐威王。淳于髡跟齐威王讲了大鸟三年不飞、一飞冲天的故事，使得齐威王开始重新理政，又巧妙地以酒量不同为喻，以一言而罢齐威王长夜之饮。

优孟哭马

楚国人优孟是歌舞艺人。楚庄王爱马,马死后他要用大夫的规格厚葬他的马,优孟听说后,去给马哭丧,故意说反话让楚庄王意识到自己的错误。后来又通过模仿过世的重臣孙叔敖,让楚王想起孙叔敖的功绩,抚恤了孙叔敖一家。

优旃善言

优旃是秦国的歌舞艺人,擅长说笑话,用开玩笑的方式阻止了秦始皇扩大猎场和秦二世用油漆涂饰城墙的做法。

东方朔,摘自《历代名臣像解》

2. 文字的魂

六艺于治一也。《礼》以节人,《乐》以发和,《书》以道事,《诗》以达意,《易》以神化,《春秋》以义。(牛运震:《滑稽传》却从六艺开端,正大闳廓,真令人不测。刘辰翁曰:"滑稽者至鄙亵。乃直从六艺庄语说来,此即太史公之滑稽也。")

天道恢恢,岂不大哉!谈言微中,亦可以解纷。(牛运震:二句得滑稽要领,一篇主意在此。)

淳于髡说之以隐曰:"国中有大鸟,止王之庭,三年不蜚又不鸣,王知此鸟何也?"王曰:"此鸟不蜚则已,一蜚冲天;不鸣则已,一鸣惊人。"

若朋友交游,久不相见,卒然相睹,欢然道故,私情相语,饮可五六斗径醉矣。

酒极则乱,乐极则悲……言不可极,极之而衰。

天下无害灾,虽有圣人,无所施其才;上下和同,虽有贤者,无所立功。

宫殿中可以避世全身,何必深山之中,蒿庐之下。

鸟之将死,其鸣也哀;人之将死,其言也善。

东郭先生……贫困饥寒,衣敝,履不完。行雪中,履有上无下,足尽践地。

相马失之瘦,相士失之贫。

美言可以市尊,美行可以加人。

3. 人格构建与多元价值

幽默是一种生活态度,有才、有担当已经是很了不起的能力和品性了,而幽默的人大多富有才华而心性极佳,和这样的人交朋友,会让你的人生更加色彩斑斓。

日者列传第六十七

【导读】 本篇所叙"日者",指的是观天象以究人事的人,与一般的占卜吉凶者不同。根据《太史公自序》可知,司马迁撰写本篇的目的是呈现齐、楚、秦、赵等地不同的日时方位禁忌风俗。据班固说,此篇散佚,今所见乃褚少孙所补。但"褚先生曰"前面的主体文字,应该不是褚少孙所作。

1. 提纲挈领

本传的主体篇幅是司马季主和贾谊、宋忠之间的对话。通过司马季主的议论,表现了当时朝堂之上一些位居显贵的人,其实"盗贼发不能禁,夷貊不服不能摄,奸邪起不能塞,官耗乱不能治,四时不和不能调,岁谷不孰不能适",是危害国家和社会的害虫。同时赞扬了日者高尚的道德品质和精神境界。

2. 文字的魂

誉人也不望其报,恶人也不顾其怨,以便国家利众为务。故官非其任不处也,禄非其功不受也;见人不正,虽贵不敬也;见人有污,虽尊不下也;得不为喜,去不为恨;非其罪也，虽累辱而不愧也。

才贤不为，是不忠也；才不贤而托官位，利上奉，妨贤者处，是窃位也。

今夫卜者，必法天地，象四时，顺于仁义，分策定卦，旋式正棋，然后言天地之利害，事之成败。

天不足西北，星辰西北移；地不足东南，以海为池；日中必移，月满必亏；先王之道，乍存乍亡。公责卜者言必信，不亦惑乎！

骐骥不能与罢驴为驷，而凤皇不与燕雀为群，而贤者亦不与不肖者同列。故君子处卑隐以辟众，自匿以辟伦，微见德顺以除群害，以明天性，助上养下，多其功利，不求尊誉。

道高益安，势高益危。居赫赫之势，失身且有日矣。

天地旷旷，物之熙熙，或安或危，莫知居之。

非其地，树之不生；非其意，教之不成。

制宅命子，足以观士；子有处所，可谓贤人。

3. 人格构建与多元价值

"古之圣人，不居朝廷，必在卜医之中。"医者、卜者在古代自然科学比较落后的情况下，担负起了科学进步的重任。他们是时代的智者，有一技之长立身，他们的内心中自有一种乐趣。"学而优则仕"这样的选择对吗？在单一价值观的评判下是对的，而如果将眼光放宽放远，就见仁见智了。

龟策列传第六十八

【导读】 龟策是指用龟甲、草占卜吉凶，故此篇宗旨主要是记录不同地区的占卜术及有较大影响的占卜术士。本篇汉代已经亡佚，今所见者，除开篇"太史公曰"一段，余者出自褚少孙之手。

1. 提纲挈领

本篇主旨虽然是讲占卜的各种方法，但作者还是将大量篇幅放在讲述与占卜相关的各种故事上。其中详细描述了宋元王得龟的故事，叙述尤为精彩。

2. 文字的魂

自古圣王将建国受命，兴动事业，何尝不宝卜筮以助善！

蛮夷氐羌虽无君臣之序，亦有决疑之卜。或以金石，或以草木，国不同俗。然皆可以战伐攻击，推兵求胜，各信其神，以知来事。

明月之珠出于江海，藏于蚌中，蛟龙伏之。王者得之，长有天下，四夷宾服。能得百茎蓍，并得其下龟以卜者，百言百当，足以决吉凶。

天地之间,累石为山。高而不坏,地得为安。故云物或危而顾安,或轻而不可迁;人或忠信而不如诞谩,或丑恶而宜大官,或美好佳丽而为众人患。非神圣人,莫能尽言。春秋冬夏,或暑或寒。寒暑不和,贼气相奸。同岁异节,其时使然。故令春生夏长,秋收冬藏。或为仁义,或为暴强。暴强有乡,仁义有时。万物尽然,不可胜治。

3. 人格构建与多元价值

君子既不能轻视卜筮、否定神明,也不能背离客观世界的人世常规,盲目迷信吉凶之兆。凡事一体两面,要辩证地看待和解决问题。

货殖列传第六十九

【导读】 此篇记载了古代商人的故事,集中体现了司马迁的经济思想和物质观念。"耳目欲极声色之好,口欲穷刍豢之味,身安逸乐",司马迁从人们追求美好事物、满足物欲的角度倡导农工商并重,肯定了工商业者追求物质利益的合理性与合法性。他认为,"千则役,万则仆,物之理也",指出物质财富的占有量决定着人的社会地位,经济发展则关乎国家盛衰,具有超前的经济思想。

1. 提纲挈领

此篇是司马迁为从事经济活动的商人所著。"布衣匹夫之人,不害于政,不妨百姓,取与以时而息财富,智者有采焉"作《货殖列传》。全文记述了自春秋末期至秦汉以来的大商人(货殖家),如范蠡、子贡、白圭、猗顿、程郑、孔氏、师史、任氏……通过介绍他们的商业活动,重要经济地区的特产商品,各商业城市的生产、物产和社会经济发展的特点,表达了司马迁的经济思想和物质观念。两千多年前就能有这种基于人性的财富观,这种超越时代的多元化价值观至今都有一定的借鉴意义。

2. 文字的魂

善者因之,其次利道之,其次教诲之,其次整齐之,最下者与之争。

农而食之,虞而出之,工而成之,商而通之。

若水之趋下,日夜无休时,不召而自来,不求而民出之。岂非道之所符,而自然之验邪?(牛运震:数句笔势飘逸,如云凑波委,说来入微。)

农不出则乏其食,工不出则乏其事,商不出则三宝绝,虞不出则财匮少。

仓廪实而知礼节,衣食足而知荣辱,礼生于有而废于无。

渊深而鱼生之,山深而兽往之,人富而仁义附焉。

千金之子,不死于市。

天下熙熙,皆为利来;天下攘攘,皆为利往。

千乘之王,万家之侯,百室之君,尚犹患贫,而况匹夫编户之民乎!

吾治生产,犹伊尹、吕尚之谋,孙吴用兵,商鞅行法是也。是故其智不足与权变,勇不足以决断,仁不能以取予,强不能有所守,虽欲学吾术,终不告之矣。(白圭所言,企业家是教不会的)

故关中之地,于天下三分之一,而人众不过什三;然量其富,什居其六。(牛运震:计算精确,收法老。)

富者,人之情性,所不学而俱欲者也。

百里不贩樵,千里不贩。居之一岁,种之以谷;十岁,树之以木;百岁,来之以德。德者,人物之谓也。(牛运震:

"百岁，来之以德"，旧评此一语说货殖，便深。)

非田畜所出弗衣食，公事不毕则身不得饮酒食肉。以此为间里率，故富而主上重之。

皆非有爵邑奉禄弄法犯奸而富，尽推理去就，与时俯仰，获其赢利，以末致财，用本守之，以武一切，用文持之，变化有概，故足术也。

富无经业，则货无常主，能者辐凑，不肖者瓦解。千金之家比一都之君，巨万者乃与王者同乐。岂所谓"素封"者邪？(牛运震："素封"二字奇，解法亦入奇。钟惺曰：结得淡而妙，妙在不了。)

3. 人格构建与多元价值

古代分为士农工商四个阶层，按照圣贤们的遗训，商人为富不仁、无商不奸，是社会的底层。但司马迁却从价值分配和人性逐利的角度为商人著书立传，拥有超越时代的眼光和胸怀。在今天国与国、地区与地区之间的经济与文化实力竞争中，企业和企业家占据着很重要的因素，社会观念在不断变化，优秀的企业家受到很多人的敬仰，商人、企业家已成为更多人的职业选择。

太史公自序第七十

【导读】 《太史公自序》既是《史记》的序文,也是作者的自传,更是《史记》全书的纲领。司马迁在本篇讲述了自己的家世,自己著《史记》的缘由和《史记》的体例分布,在行文之中融入了自己浓郁的感情。读《史记》不可不读《太史公自序》,通过这篇文章,才能明白司马迁宏大的志向和炽热的情感,才能理解《史记》何以被称为"史家之绝唱,无韵之离骚"。

1. 提纲挈领

先人遗风 子承父命

此篇是作者司马迁介绍自己家族的列传。开篇介绍了自颛顼帝起,祖先重黎掌管天文、地理,至父亲司马谈做太史令,并写了《论六家要旨》,随后又介绍自己"迁生龙门,耕牧河山之阳"学习、壮游的成长历程。父亲司马谈去世三年后,司马迁做了太史令,遵循父亲嘱托开始《史记》的写作,着重阐述了写作《史记》的原因和初心,也记述了李陵事件后自己心理的变化和理想的升华。

初心不改　发愤著书

司马迁说："余尝掌其官，废明圣盛德不载，灭功臣世家贤大夫之业不述，堕先人所言，罪莫大焉。"即便后来因李陵之祸身心俱损，仍然初心不改，发愤著书。《太史公自序》还包括十二本纪、十表、八书、三十世家、七十列传的各篇小序，介绍了《史记》全书的规模体例以及写作宗旨，"述历黄帝以来至太初而讫，百三十篇"。

2. 文字的魂

神者生之本也，形者生之具也。不先定其神形，而曰"我有以治天下"，何由哉？

且夫孝始于事亲，中于事君，终于立身。扬名于后世，以显父母，此孝之大者。

自获麟以来四百有余岁，而诸侯相兼，史记放绝。今汉兴，海内一统，明主贤君忠臣死义之士，余为太史而弗论载，废天下之史文，余甚惧焉，汝其念哉！

先人有言："自周公卒五百岁而有孔子。孔子卒后至于今五百岁，有能绍明世，正《易传》，继《春秋》，本《诗》《书》《礼》《乐》之际？意在斯乎！意在斯乎！小子何敢让焉。"

夫《春秋》，上明三王之道，下辨人事之纪，别嫌疑，明是非，定犹豫，善善恶恶，贤贤贱不肖，存亡国，继绝世，补敝起废，王道之大者也。

《礼》以节人，《乐》以发和，《书》以道事，《诗》以达意，《易》以道化，《春秋》以道义。

失之毫厘，差以千里。

夫礼禁未然之前，法施已然之后；法之所为用者易见，而礼之所为禁者难知。

昔西伯拘羑里，演《周易》；孔子厄陈蔡，作《春秋》；屈原放逐，著《离骚》；左丘失明，厥有《国语》；孙子膑脚，而论兵法；不韦迁蜀，世传《吕览》；韩非囚秦，《说难》《孤愤》；《诗》三百篇，大抵贤圣发愤之所为作也。此人皆意有所郁结，不得通其道也，故述往事，思来者。

原始察终，见盛观衰。（牛运震：八字道出作本纪之旨，《春秋》之义亦不外此。）

天人之际，承敝通变，作八书。（牛运震：八书事别义繁，此二语却能隐括。）

二十八宿环北辰，三十辐共一毂，运行无穷，辅拂股肱之臣配焉，忠信行道，以奉主上，作三十世家。（牛运震：创喻奇想。）

扶义俶傥，不令己失时，立功名于天下，作七十列传。（牛运震：列传最繁，却用一二语了括其旨。文势有壁立千仞之概。）

3. 人格构建与多元价值

有独立人格才能有风骨，才能活出真正意义。在这方面，司马迁显然是榜样。独立人格的培养有父亲的家学教育，有追随名师读书、行万里路的壮游，更有历经世事的觉醒。人的一生应该像司马迁一样，拥有一个比生命更伟大的理想，让它作为指引你前进的火炬,这样你就可以不畏艰险,披荆斩棘。人一生应该有一个精神偶像,风追司马,司马迁值得敬仰!

第四章 后记

亲子共读,一起成长

　　为人父母,到底要带给孩子什么?除了一个好身体,还应该有一种好的价值观和人生观,就如同司马谈对司马迁的教育一样,注重人生理想和价值观的培养。

　　司马迁在史学上的成就和父亲的悉心栽培是分不开的。他十岁左右就在父亲的指导下开始诵读《左传》《国语》《世本》等古代典籍,随后又跟随著名的学者孔安国学习古文《尚书》,跟随当时的大儒董仲舒学习《春秋公羊传》。司马谈还把古代一些动人的历史故事讲给司马迁听,培养他对历史的爱好和英雄人物的崇拜。荆轲刺秦王的故事就是司马谈根据秦始皇御医夏无且的转述,讲给司马迁的。通过这样的教育,练就了司马迁的"童子功"。

　　壮游不仅使司马迁熟悉了那些历史事件的地理环境,也寻找到那些更接近于真实的历史人物和历史事件的评说,锻炼了他的毅力和体魄。

　　对于价值观和人生理想的塑造,司马谈也是不遗余力。公元前110年,司马谈临终之前,拉着司马迁的手说:"我们的祖先是周代的太史,世代典掌天官职务,自己平生的志愿就是写作一部记载明主贤君忠臣死义之士事迹的史书。"司马谈用家族理想和个人理想，鼓励司马迁完成这样一部著作，还给司马迁讲了孝道"夫孝，始于事亲，中于事君，终于立身"的价值观。

和孩子一起读《史记》，让《史记》中那些个性鲜明的圣贤、英雄成为孩子心中的榜样，了解当时纷杂的社会关系，培养孩子用历史的眼光看待现在的人和事。

朝代的兴衰更迭给我们反思和启迪。优秀的历史人物也会给我们树立榜样，给予精神力量。和孩子一起读一部史学经典，可以培养孩子系统读书的好习惯。《史记》中风云变幻的时代背景、跃然纸上的英雄人物、倒行逆施的反面人物，能够促使孩子思考自己想要成为一个什么样的人。读《史记》，对孩子理想、价值观、人生观的塑造有很大的帮助，对孩子人格的养成也有很大影响。

您可能会在实体书店、网上书店、司马迁祠、研学或知识类博主直播间买到这本书，我们的创作团队同期也在"龙门服务"直播间开设《少年读史记 人生立坐标》导读课程，与大家共同学习。

我们倡导家长和孩子们一起阅读，希望在文史知识积累、价值观建设、人格力量提升等方面起到一些积极作用。为此，我们专门设计了十个开放型问题，请家长和同学们一起完成。"学而不思则罔，思而不学则殆"，愿开卷有益、思考有益。

十个问题

1. 《史记》是中国历史上第一部纪传体通史。它一共有多少篇？由几个部分组成？您最喜欢史记中的哪篇文章？为什么？
2. 《史记》中都记载了哪些朝代的历史？您能说出来吗？
3. 在《史记》中，对您触动较深的成语故事有哪些？（可以列举3个及以上）
4. 刘邦和项羽成败的原因分别是什么？请说说您的看法。
5. "少年读史记，人生立坐标"，请说出史记中的哪个人物是您的偶像？（也可以问问爸爸妈妈的偶像是谁）
6. 史记名言对对碰。

    桃李不言，（　　　　）。
    （　　　　），必有一失；愚者千虑，（　　　　）。
    （　　　　），女为悦己者容。
    得黄金百斤，（　　　　　）。
    （　　　　　　　），决胜于千里之外。
    能行之者，（　　　　），能言之者，（　　　　）。
7. 通过阅读《史记》，您能明确地讲出自己的理想和人生观、价值观吗？

8. 如果让您给《史记》的作者司马迁写一封穿越千年的信,您会跟他说些什么呢?
9. 我是小小史学家,请为自己写一篇自传。
10. 《史记》里面关于交友的文章都有哪些?它对您的交友之道有哪些启示?